Ulrich Schaffer

Verwurzelt
wie ein Baum

oder Wachsen ins Leben

HERDER

FREIBURG · BASEL · WIEN

Gedruckt auf umweltfreundlichem,
chlorfrei gebleichtem Papier

Alle Rechte vorbehalten – Printed in Germany
© Verlag Herder Freiburg im Breisgau 2002
www.herder.de
Satz: Ulrich Schaffer
Herstellung: fgb · freiburger graphische betriebe 2002
www.fgb.de
Umschlaggestaltung und Konzeption:
R·M·E München / Roland Eschlbeck, Liana Tuchel
Umschlagbild: © R·M·E München / Roland Eschlbeck, Liana Tuchel
ISBN 3-451-05184-2

Bäume

Bäume sind für mich immer die eindringlichsten Prediger gewesen. Ich verehre sie, wenn sie in Völkern und Familien leben, in Wäldern und Hainen.

Bäume sind Heiligtümer. Wer mit ihnen zu sprechen, wer ihnen zuzuhören weiß, der erfährt die Wahrheit. Sie predigen nicht Lehren und Rezepte, sie predigen, um das Einzelne unbekümmert, das Urgesetz des Lebens.

Ein Baum spricht: In mir ist ein Kern, ein Funke, ein Gedanke verborgen, ich bin Leben vom ewigen Leben. Einmalig ist der Versuch und Wurf, den die ewige Mutter mit mir gewagt hat, einmalig ist meine Gestalt und das Geäder meiner Haut, einmalig das kleinste Blätterspiel meines Gipfels und die kleinste Narbe meiner Rinde. Mein Amt ist es, im ausgeprägten Einmaligen das Ewige zu gestalten und zu zeigen.

Hermann Hesse

Freund Baum

In dir besitze ich ein Baumhaus für meine Seele,
in deiner Borke,
in deinen langen Ästearmen,
im Fell deiner Blätter,
so wie ich dir bei mir ein Haus anbiete,
ein Menschenhaus,
in den Spuren meines Blutes,
in den Windungen meines Gehirns,
in den Früchten meiner Seele.
Wir sind einander Gastgeber und Gast.

Wenn die Dinge zerfallen,
spricht in mir die Sehnsucht nach Dauer,
und plötzlich sitze ich in deiner Krone,
ein Wolkenreiter und Himmelsenthusiast,
oder fahre durch deine Wurzeln
auf Suche nach Geborgenheit.

Findest du in mir –
in meinen kleinen Schritten,
wenn ich dich umschreite,
in der Ausstrahlung meiner Gedanken,
in der Entschiedenheit meiner Liebe –
eine Kraft, die auch dein Universum erhält?
Über alles möchte ich unsere Verwandtschaft feiern.

Die Bäume meiner Kindheit

Ich erinnere mich an die Bäume meiner Kindheit, die mich umgaben und einen dichten Untergrund in meinem Leben bildeten. Sie waren unaufdringlich und wirkten durch ihre Stille. Damals wurde ein Fundament in mir gelegt, das ich erst viel später verstanden habe.

Nach dem Krieg waren wir aus Pommern in den Westen geflohen und hatten uns in einem kleinen Dorf bei Bremen niedergelassen. Dort wurde uns ein kleines Haus im Wald zugewiesen. Es gehörte einem wohlhabenden Möbelfabrikanten aus Bremen und hieß "Muttis Ruh" – der Name war auf einer Art Plakette auf dem Giebel des Hauses angebracht und begrüßte jeden Besucher. Es lag etwa zweihundert Meter von der Hauptstraße entfernt in einem Mischwald. Nahe am Haus standen Tannen und Kiefern. Bei den Kiefern gefiel mir, dass ihre Wurzeln für das Auge sichtbar waren. Es schien mir, als käme etwas aus der Tiefe der Erde empor, etwas, was eigentlich nicht ans Licht des Tages gehörte. Die entblößten Wurzeln waren so dick wie die Arme meines Vaters – es hätten Menschenarme sein können. Ich stellte mir vor, wie die Flüssigkeiten durch die Wurzeln zogen und den Baum nährten. An einigen Stellen standen die Kiefern so nah beieinander, dass wir sie als Fußballtore oder als Tore für unsere Kopfballspiele benutzen konnte. Unsere Kopfballspiele nannten wir „Köppen". Ich erinnere mich noch:

wenn es jemand gelang, einen geköpften Ball zurück-zuköpfen, gab es dafür eine „Mitte". Man bekam einen zweiten Versuch ein Tor zu köpfen, wie ein Elfmeter beim Fußballspielen. So spielten wir mit Begeisterung unter den Wipfeln und dem gewaltigen Atem der Tannen und Kiefern. Wir warfen und sprangen, wir riefen und gaben an, wir hechteten uns wir Ilic, der damals Torwart bei Werder Bremen war, wir kämpften um jedes Tor, nach unseren eigenen Regeln. Wir waren glücklich, und manchmal musste unsere Mutter uns mehrmals zum Essen rufen, ehe wir kamen.

Auf der anderen Seite des Hauses gab es eine Eiche, die bei uns Kindern besonders für ihre Maikäfer bekannt war. Es war ein Ereignis, wenn die ersten dieser Krabbler auftauchten und wir sie sammeln konnten – die „normalen" und auch die „Müller" und „Schornsteinfeger", die helleren und dunkleren ihrer Gattung. Wir besahen sie von so nahe, dass wir sie fast mit unseren Nasen berührten, weil wir sie „pumpen" sehen wollten.

Hinter der Eiche gab es einen Birkenwald, der aus dünnen Stämmen bestand, die eng beieinander stan-den. Aus diesem Birkenwald kam der Stock, mit dem wir Haue bekamen. Haue war einen anderes Wort für Schläge, aber es schmerzte genauso. Ich war ein „lebendiges Kind" und da ging schon ab und zu etwas schief – und dann musste die Ordnung wieder her-gestellt werden. Mein Vater deutete es manchmal schon vorher an. Er sagte dann, es würde „im Karton krabbeln", und wir wussten, was das bedeutete. Es konnte geschehen, dass der Stock nicht aufzufinden war, wenn es ans Strafen gehen sollte. Dann mussten wir selbst aus dem Birkenwald einen neuen holen. Der war natürlich auch unter der großen Auswahl nicht zu finden – wie sollte man auch die Wahl treffen für die eigene Strafe? Wenn er zu dünn war, hatte es Nachteile, und wenn er zu dick war, gab es andere Nachteile. Darum war der richtige Stock unauffindbar. Unser Vater kam uns dann nach und fragte, ob er uns beim Suchen helfen solle. Ich habe weder ihm noch dem Birkenwald nachgetragen, dass es so lief. Es gehörte zu der großen Ordnung der Dinge. So habe ich es damals gesehen.

Hinter dem Birkenwald gab es wieder Eichen, große, alte Eichen mit tausenden von Eicheln im Herbst. Ich erinnere mich noch, wie wir diese gesammelt haben, um sie als Schweinefutter zu verkaufen. Für einen Zentner bekamen wir eine Mark. Es dauerte lange, einen Zentner zusammenzubekommen.

Wenn es im Winter früh dunkel wurde, musste ich manchmal allein an dem Wald vorbei, den ich am Tag so liebte. Aber im Dunkeln war es beängstigend. Der Wald lebte und war erfüllt von Unaussprechlichem. Es waren genug Geschichten von seltsamen Menschen im Umlauf. Sie alle lebten in dem Moment in diesem Wald und warteten auf mich. Es war fast schmerzhaft, wenn sich das Bekannte und Vertraute des Tages nachts in etwas Fremdes und Bedrohliches verwandelte.

Weiter weg – es wirkte damals wie eine große Entfernung, war aber nur einige hundert Meter entfernt – gab es eine Weide. Sie lag am Anfang von großen Wiesen, auf denen wir im Winter, wenn sie von der Wümme überschwemmt wurden, zwanzig Kilometer bis nach Bremen Schlittschuhlaufen konnten. (Wie oft haben wir auf unseren Bäuchen auf dem durchsichtigen Eis gelegen und die Gräser der Wiese unter uns in dem sich leicht bewegenden Wasser beobachtet, ehe wir aufsprangen und auf unseren „Holländern" weiterliefen!) Diese Weide war Ausdruck der Poesie des Lebens. Es war ein nicht fassbarer Baum, auch wenn er zugänglich für alle dastand. Seine Zweige raschelten geheimnisvoll und schienen von einer anderen Welt zu sprechen. Die Weide schien mich zu sehen und wahrzunehmen, was ich tat. Indem sie mich beobachtete, konnte ich mich selbst wie von außen sehen und eine neue Einsicht über mich gewinnen. In einer früheren Zeit wäre sie der Baum gewesen, um den sich Geschichten und Legenden gerankt hätten.

Einen Kilometer entfernt durch den Wald und über Wiesen lag „Schulzes Garten". So hieß er unter uns Kindern. Es war ein verwunschener Garten, den wir nicht betreten durften. Er war umgeben von einem hohen Zaun und einer dichten Hecke. Es schien niemand ganz klar zu sein, wem er gehörte, wer dieser „Schulz" war, aber der Garten durfte auf alle Fälle von niemandem von uns betreten werden. Das gerade machte ihn anziehend. Und so schlichen wir uns

12

ab und zu hinein, aßen von den Früchten im Garten und „lebten gefährlich". Die Früchte von diesen Bäumen schmeckten anders als die aus anderen Gärten. Die Obstbäume waren verwildert, und in der Mitte der Gartens gab es einen verfallenen Turm, der aus einer anderen Zeit zu stammen schien. Auf allem schien ein Zauber oder ein Fluch zu liegen. Es war meine Begegnung mit der Unfassbarkeit des Paradieses. Wir sind nie in dem Garten erwischt worden und ich weiß bis heute nicht, wem er gehörte. Es hieß immer, sein Eigentürmer wohne weit weg.

Mit zehn Jahren habe ich diese Bäume verlassen und bin mit meinen Eltern nach Kanada ausgewandert, aber ich habe die Landschaft mitgenommen und konnte mich immer wieder in sie begeben wenn ich wollte. In mir blieben die Bilder meiner Kindheit erhalten. Es dauerte zehn Jahre, ehe ich die Bäume zum ersten Mal wiedersah, aber es hat viel länger gedauert und viele Besuche als Erwachsener waren nötig, bis in mir das Bild meiner Kindheit durch das Bild des Erwachsenen ersetzt wurde. Die Kindheitserinnerungen hatten sich ganz tief in mich eingegraben. Jetzt bin ich einige Jahre nicht in dem Dorf gewesen und das alte Bild kommt wieder – der Wald ist wieder größer, dunkler, geheimnisvoller, so wie er es als Kind war. Das, was zuunterst in der Seele liegt, wie es zu Kindeszeiten in sie gefallen ist, hat die Seele stärker geformt als das, was danach gekommen ist. Die jüngere Seele war beeindruckbarer. Und in ihr hat sich der Wald wie eine innere Heimat angesiedelt.

13

So war meine Kindheit grün – nadelgrün, frühlings-grün, weidengrün, hellgrün, blattgrün. Sie bestand aus den aufstrebenden Formen alter und aus der Geschmeidigkeit junger Bäume, und ich stand in Beziehung zu diesen Bäumen. Ich war nicht der Außenseiter, der sich fremd in der Natur fühlt, son-dern ich war ein Stück Natur, ein Wesen unter anderen Wesen, eine Lebensform unter der Vielfältigkeit anderer Lebensformen. Ich hatte einen Platz, er musste mir nicht erst von Menschen zugewiesen werden. Ich musste ihn mir nicht erkämpfen, weil ich in diesen Platz hineingeboren war. All das hätte ich als Kind nicht formulieren können, aber ich habe es gespürt und geahnt und es hat mir eine Grundlage gegeben, die zum Kostbarsten gehört, was ich besitze. Auch jetzt noch, fünfzig Jahre später, komme ich immer ein wenig nach Hause, wenn ich unter Bäume gehe. Ich kehre zurück zu meinen Wurzeln, wenn ich zu den Wurzeln der Bäume zurückkehre. Es ist ein Fest für mich, unter Bäumen zu weilen.

Die Hemlocktanne neben unserem Haus

Eine Hemlocktanne
wächst mit ihren ausladenden Ästen
von Jahr zu Jahr näher an unser Haus heran.
Gestern beim Sturm
peitschte sie die Bretter der Südwand.
Sie ist jünger als ich,
aber sie wird älter werden,
wenn niemand sie absägt.

Ich habe sie nie gedemütigt,
ich habe sie geliebt, ihre kleinen Nadeln,
ihre gebogene Spitze, ihr Rauschen.
Sollte unser Haus einmal brennen,
kann ich von meinem Arbeitszimmer
auf sie hinüberspringen und an ihr hinunter
acht Meter tiefer die Erde errreichen.

Sie erwidert meine Zuneigung, hält mich hoch,
lässt Energie meine Wirbelsäule hinauffließen.
Auf unerklärliche Weise weiß ich,
dass ich von ihr den aufrechten Gang gelernt habe.

Der ist wie ein Baum gepflanzt an den Wasserbächen

Der Dichter des Alten Testaments sucht nach einem Vergleich für einen Menschen, der Gott gefällig ist und der Erfolg in seinem Leben hat. Er sucht nach einem Bild der Beständigkeit und Festigkeit, und dies in einem Umfeld, in dem es viel Wüste gibt. Sein Sinn geht zu einem Baum, der an einem Wasserbach gepflanzt ist. Das ist es!

In der Wüste dreht sich alles ums Wasser. Ohne Wasser ist am Ende kein Leben möglich. Und das, was an anderen Orten der Welt selbstverständlich ist, ist in der Wüste fast ein Wunder: Es gibt Wasser, und Wasser ist Leben.

Ein Mensch lebt in der Welt und scheint manchmal kaum ausgerüstet zu sein für die Herausforderungen, die auf ihn zukommen — der Kampf um den Arbeitsplatz und um die Fähigkeit, die Arbeit gut zu machen, das Durchhalten in Beziehungen, wo es doch manchmal fast unmöglich scheint, einen anderen Menschen zu lieben und dabei noch sich selbst treu zu sein, der Prozess des Älterwerdens mit all dem, was das mit sich bringt. Da braucht dieser Mensch eine Kraftquelle. Wo ist sie zu finden? Was gibt den Halt? Für den Psalmisten ist es die enge Bindung an Gott. Es ist eine existentielle Bindung: Ohne den Bach würde der Baum in der Wüste nicht wachsen, aber mit dem Bach gedeiht und grünt er. Grün ist die Traumfarbe in der Wüste. Grün ist die Traumfarbe des Menschen in Herausforderungen.

Wer in sich die Lebendigkeit des Wachsens und Gedeihens zu spüren wünscht, der muss sich eng an Gott binden. Es ist ganz einfach. So einfach wie das Leben in der Wüste zuweilen sein kann. Wer sich an Gott bindet, so wie der Baum sich an den Bach bindet, der wird gedeihen. Wer nicht nur im Vordergründigen verwurzelt ist, schöpft aus anderen Kraftquellen. Ein lebendiger Baum hat Festigkeit. Er ist in der Erde verankert. Er hat einen Zyklus, der ihn durch das Jahr führt. Er hat eine Bedeutung für die Welt um ihn: Die Menschen erfreuen sich an ihm und ernten seine Früchte, die Vögel des Himmels bauen Nester in seinen Zweigen und er gibt Sauerstoff in die Welt hinein, Sauerstoff, von dem die ganze Tierwelt lebt. Auch wenn der Psalmist damals Sauerstoff nicht als Begriff kannte, so hat er es gespürt: Von einem solchen Baum geht Leben aus. Ein Mensch, dem Gott etwas bedeutet, ist wie ein Baum: Andere Menschen erfreuen sich an ihm und leben von seinen Einsichten und Erfahrungen, er gibt Geborgenheit und von ihm geht etwas aus, das anderen das Leben schenkt. Er ist Luft und Liebe, Frucht und Beständigkeit. Mit ihm ist zu rechnen in einer unberechenbaren Welt.

So wie das Wasser durch die Wurzeln in den Baum aufgenommen wird, so nimmt der Gott liebende Mensch die Energie Gottes in sich auf, in seinen Körper und in sein Wesen, und schickt sie hinaus in die Welt. Es ist so einfach: ein Baum am Bach sein. Ein Mensch in Verbindung mit Gott. So einfach: ein Bach, ein Baum, ein Mensch, Gott.

Bäume wollen nichts weiter als nur sie selbst sein. Sie bleiben bei sich, obwohl sie sich ausstrecken und in den Himmel ragen. Vielleicht liegt ihre Größe darin: Sie strecken sich aus und sind doch in den Boden verwurzelt.

Ein Ahorn ist ein Ahorn – er trägt keine Zapfen. Eine Birke ist eine Birke – auf ihr findet man keine Äpfel. Ein Apfelbaum ist ein Apfelbaum – er trägt keine Kirschblüten. Eine Weide ist eine Weide ist eine Weide. Eine Akazie verfärbt sich nicht rot, ganz gleich, wie warm oder herb der Herbst ist. Eine Eiche trägt Eicheln, Jahr um Jahr, Jahrhundert um Jahrhundert. Eine Esche hat sich auf rote Beeren spezialisiert und lässt sich nicht umstimmen, diese blau zu färben, nur weil der Wachholder blaue Beeren hat und darüber glücklich ist. Aus den Bucheckern einer Buche werden wieder Buchen um Buchen um Buchen – das ist die Information, die in den Bucheckern steckt, ganz gleich, in welchem Wald sie auch wachsen. Die Heiligkeit eines jeden Baumes besteht darin, das zu sein, was er ist.

Die gesamte Länge des Wurzelsystems eines einzelnen Baumes kann einige hundert Kilometer lang sein und eine Fläche von mehreren hundert Quadratmetern haben.

In einem Gramm Walderde gibt es zehn Milliarden Lebewesen. Wie ungeheuer bevölkert ist, was wir als Dreck empfinden und uns von den Schuhen kratzen.

Die alten Bäume tragen oft die süßesten Früchte.

In moderaten Breitengraden mit Laubwald und Pflanzen, die jährlich neu wachsen und verrotten, entstehen etwa fünf Zentimeter Mutterboden in tausend Jahren.

$6CO_2 + 6H_2O$ + Sonnenlicht $= C_6H_{12}O_6 + 6O_2$
Durch seine Blätter nimmt der Baum sechs Moleküle Kohlendioxyd auf und durch seine Wurzeln sechs Moleküle Wasser und bildet dann unter der Einwirkung von Sonnenlicht ein Molekül Zucker, das er bei sich behält und sechs Moleküle Sauerstoff, die er durch seine Blätter in die Luft abgibt. Dadurch leben wir, durch diese einfache Verwandlung zillionenmal am Tag.

Vom gefällten Baum machen alle Kleinholz.

Wie ein Ast

Wie ein Ast:
geladen mit Springkraft im Wind,
auf der Suche nach Licht,
dem Wind und Regen ausgesetzt,
durch Wurzeln aus der Tiefe genährt,
Licht in Energie umsetzend,
immer bereit zu wachsen,
nackt und fertig für die Winterkälte,
herrlich im Reichtum der Blüten,
fruchttragend,

solch ein Ast möchte ich sein:
eine Rebe am Weinstock,
und ein Zweig an dem Baum,
am frischen Wasser gepflanzt.

Geheimnis Baum

Jeder Baum ist Ausdruck eines Geheimnisses. Ein Baum ist sichtbar, oft über eine weite Strecke hin, und doch ist ein Teil seiner Gestalt, ein wichtiger Teil, unsichtbar. Auf der Suche nach Wasser kann eine Akazie ihre Wurzeln bis zu achtzig Meter in die Tiefe treiben. Was man von diesem Baum über der Erde sieht, ist der kleinere Teil.

Auch darin ähneln Bäume uns. Was von uns zu sehen ist, ist der kleinere Teil. In uns existiert eine Unendlichkeit, der wir uns selbst manchmal nicht gewachsen fühlen. Wir sind eine ganze Welt in einer Welt. Wir brauchen das Versteckte, das Geheimnisvolle unseres Lebens, um zu leben. Es zu entblößen, wie man die Wurzeln eines Baumes entblößen kann, würde uns unsere Lebensmöglichkeit nehmen.

Manchmal vergessen wir, dass wir diesen gewaltigen Kern in uns tragen, und wir beginnen zu glauben, dass wir nur das sind, was andere von uns sehen und auf das sie reagieren. Wir übernehmen ihr Bild von uns und vergessen unsere Tiefe, unsere Unauslotbarkeit – das Bild eines Ozeans, dessen Tiefe man mit einer Lotlinie zu ergründen versucht, aber die Tiefe bleibt unergründbar, trifft auch auf uns zu.

In den Wurzeln herrscht viel Aktivität – eine stete, ständige Transformation. Die Wurzeln nehmen die Nahrung, die Mineralien, die Feuchtigkeit aus dem Boden auf und schicken diese in die entferntesten Äste mit ihren Blättern oder Nadeln, mit ihren Blüten und Früchten. Die Wurzeln verankern auch den Baum. Sie geben ihm die nötige Festigkeit. Ohne die Wurzeln fiele der Baum um – eine Riese ohne Verankerung, eine imposante Erscheinung ohne Halt. Es gibt Menschen, die sich exponieren, ohne auf das notwendige „Gegengewicht" in ihrem Leben zu achten. Sie leben intensiv nach außen, stehen unter dem Druck von Anforderungen an sie und laufen Gefahr, sich gänzlich zu verausgaben, wenn sie sich nicht in Ruhe und Besinnung verankern. Er kann sein, dass sie diese Art zu leben nicht überleben.

Ich beobachte manchmal, wie ich die Probleme meines Lebens im Äußeren lösen will – an meinen Stamm, an den Ästen oder den Blättern. Ich versuche, alles mehr im Griff zu haben, ich versuche besser zu wirken, meine Blüten zu zeigen, mich mit anderen zu vergleichen, mehr zu tun, weil wir in unseren Tätigkeiten zu uns zu finden meinen. Aber es bleiben äußerliche Lösungen. Bis ich merke, dass ich an den Wurzeln ansetzen muss. Auf ihnen stehe ich. Sie brauchen Halt, sie brauchen eine Wasserader, aus der sie Feuchtigkeit ziehen können. Sie müssen einen Weg um den Felsen herum finden, der ihnen im Wege liegt. Sie brauchen Verborgenheit, damit sie Geborgenheit erleben. Sie brauchen Boden, der ihnen schmeckt. Meine Wurzeln haben Durst – nach Wasser und Boden.

Wenn in dem Geheimnis Baum alles in einer glücklicher Symbiose zusammenarbeitet, dann arbeitet der Baum nicht nur für sich. Er schafft nicht nur sein eigenes Leben, sondern stützt gleichzeitig andere Lebewesen. Mich zum Beispiel mit seiner Fotosynthese, in der er Kohlendioxyd für mich in Sauerstoff verwandelt. Die Vögel, die ihre Nester in ihm bauen, um vor Raubtieren auf dem Boden sicher zu sein. Für Insekten, die von ihm leben und sich auf ihm vermehren. Vor dem Westfenster meines Arbeitszimmer stehen drei Tannen, die unentwegt den ganzen Tag für mich Sauerstoff herstellen. Mit ihnen zusammen schaffe ich Leben. In diesen Zeilen steckt ihr Sauerstoff, ihre Lebenskraft. Wenn ich gesund bin, auch in dem geheimnisvollen Bereiche meines Lebens, gerade da, dann geht auch von mir Lebenskraft aus. An mir werden andere gesund. Gesundheit lädt zu Gesundung ein. Licht zieht Licht an.

Unter dem herrlichen Wald mit seinen rauschenden Kronen, mit dem Meer seiner Blüten und Blätter und mit dem Triumph seiner großen und kleinen Früchte, liegt eine unerkannte Welt. Sie ist reich an Verbindungen, an Querverbindungen, an stillen Straßen, an Avenuen und Boulevards, auf denen Leben transportiert wird. Es fließt und rauscht, es sammelt und verteilt, es speichert und verschwendet. In Xylem und Phloem, in Kapillarien und Haarwurzeln, in Ästen und Blättern fließt unaussprechliches Leben.

Achte auf deine Wurzeln, sage ich mir dann und meine damit meine stillen Bezüge, meinen Nährboden, meine Versuche, mich auszustrecken in uneroberte Bereiche, meine Langsamkeit, meine Stille, meine Ewigkeit.

Alter Baum

Wie ich dich trage
alter Baum,
weil du mich trugst,
ehe ich dich überhaupt sah!

Wie du mich hebst
mit der Schwere deiner Krone,
mit der Geschäftigkeit deiner Wurzeln!
Ich kann nur ahnen, wie du mich hebst.

Schon lange
bist du vorausgegangen.
Ich wachse dir nach,
bis ich so frei bin wie du.

In den White Mountains von California

Man nimmt eine kleine Straße, die von einer fast ebenso kleinen Passstraße abgeht und fährt nordwärts durch die hohe Wüste. Die Landschaft wirkt leer, nur verbrannte Gräser und weit und breit keine Bäume. Aber hier soll es Bäume geben, hier sollen die ältesten Lebewesen auf dem Planeten existieren. Es muss eine Verwechslung sein – hier ist nichts, und je höher man kommt, desto spärlicher wird die Vegetation. Wenn man aussteigt und die Blätter der kleinen olivgraugrünen Büsche zwischen den Fingern zerreibt, kann es passieren, dass man von dem wunderbar süßen Geruch des Salbei in eine andere Welt transportiert wird. Es ist, als wenn der Geruch einen ermuntern wollte, noch nicht aufzugeben. Dann ist es gut, wieder einzustiegen und weiter nach dem Wald zu suchen.

Wenn man einen Höhenmesser im Auto oder an der Uhr hat, würde er irgendwann fast 3000 Meter Höhe anzeigen – und man wäre in Europa weit über der Baumgrenze. Auch hier gibt es eine Art Baumgrenze, aber für einen gewissen Baum ist diese Höhe die untere Baumgrenze. Die Bristlecone Kiefern, Pinus Longaeva, beginnen erst ab 2900 Meter zu wachsen. Es ist nicht ganz so, dass man um die Ecke eines Berges kommt und plötzlich einen Wald vor sich liegen sieht, aber ein wenig ist es doch so. Man hat fast aufgegeben, wenn man die ersten größeren Bäume sieht. Sollten sie es sein? Dies müssen sie sein!

Sie sind nicht besonders hoch, meistens nicht mehr als zehn Meter, und auch nicht besonders dick, höchstens zwei Meter, aber alles an ihnen spricht von einem ungeheuren Alter. Als Cheops, der ägyptische König der 4. Dynastie, die große Pyramide von Giseh baute, waren manche dieser Bäume schon tausend Jahre alt. Ihr Holz ist verwittert, verfärbt und oft zum großen Teil borkenlos. Bei manchen von ihnen hat sich das ganze Leben auf einen Ast konzentriert – der Rest des Baumes ist abgestorben, um diesen einen Ast zu fördern. Und das mag schon seit tausend Jahren so sein. Man könnte fast meinen, der Baum mache hiermit eine existentielle Aussage, wenn in der Herbheit der Landschaft nicht deutlich wäre, dass es immer nur ums Überleben und nicht ums Sprechen geht.

Es lohnt sich, am Morgen sehr früh aufzustehen und mit den Bäumen den Aufgang der Sonne zu erwarten. Der meistens blaue Himmel ist stufenlos getönt und es scheint fast, als klinge er und verändere seinen Klang, je näher die Sonne dem Horizont kommt. Noch ist die Sonne weit unter dem Horizont – vielleicht geht sie gerade in Utah oder Arizona auf, aber am Zenit des Himmels beginnen sich bereits die kleinen Wolken rosa und orange zu tönen. Die Farbe ist noch mehr eine Ahnung als eine malbare Farbe. Und dann irgendwann – es geht fast zu schnell, auch wenn man schon eine Stunde gewartet hat –, ist sie plötzlich da mit ihrem Licht, das sie aus 150 Millionen Kilometern Entfernung entsandt hat, um gerade hier ein kleines Wunder zu vollbringen. Ihr rotes Licht lässt eine der Kiefern erleuchten, als sei sie durchblutet und spreche die Welt mit ihrem Blut an. Alles ist rot und das ebenso rote Holz dieser Bäume leuchtet von diesem gefilterten Licht.

Genauso lohnt es sich, nachts unter diese Bäume zu gehen und den Geruch der Jahrtausende wahrzunehmen. Er kommt auf der Luft von Ägypten, vom Zweistromland und aus namenlosen Tälern in Afrika, wo unsere Vorfahrin Lucy mit ihren Freundinnen ein Mittagessen vorbereitet und zwischen einfachen Lauten, die sie mit Überzeugung macht, lächelt. Auch in ihrer Unsichtbarkeit haben sie eine Präsenz, gerade in ihrer Unsichtbarkeit.

Es tut gut, sich an diese Bäume zu lehnen, ihre Borke und die entblößten Stellen ihres Holzes zu berühren und die Zeit an den eigenen Fingerkuppen zu spüren und sich an die eigene schöne und schwere Vergänglichkeit zu erinnern. Es ist gut, mit ihnen drei- und viertausend Jahre alt zu sein und nicht zu sterben, auch wenn es harte Jahre sind. Es ist gut, in der Kühle der Dunkelheit zu spüren, dass alles weitergeht.

Weil es hier wenig Niederschlag gibt und die Wachstumszeit dieser Bäume auf dieser Höhe so kurz ist – vier bis sieben Wochen – liegen die Ringe der meisten Bäume sehr eng. Häufig gibt es 40 Jahresringe auf einen Zentimeter. Der Baum wächst also in hundert Jahren nur 2,5 Zentimeter im Durchmesser. Er kämpft. Er hält durch. Er gibt nicht auf. Nichts

27

geschieht hier schnell. Langsamkeit ist hier das Gesetz. An diesem Ort wird langsam gelebt und langsam gestorben. Schnelligkeit gehört einer anderen Welt an.

Der älteste unter ihnen heißt „Methusalem" und trägt kein Namensschild und ist nicht gekennzeichnet, um ihn nicht unter der Liebe der Menschen und ihren Verirrungen leiden zu lassen. Wir können etwas, was uns besonders lieb ist, zu Tode lieben. Die den Baum kennen, kennen ihn und schweigen. Manchmal ist es gut, das, was man weiß, nicht weiterzusagen. „Methusalem" ist über 5000 Jahre alt. Meine Sehnsucht ist tief.

Seit Linnaeus

Carl von Linne, der schwedische Arzt und Natur-
forscher des 18. Jahrhunderts, entwickelte schon als
junger Mann heute noch gültige Fachausdrücke und
Beschreibungsmethoden der natürlichen Welt. Er
schuf ein System zum Ordnen von Pflanzen, Tieren
und Mineralien und gab uns damit ein Verständnis
von Natur, das bis heute einen nachhaltigen Eindruck auf uns macht und uns in gewisser Weise be-
stimmt. Seit Linnaeus scheint vielen von uns die
naturwissenschaftlich ordnende Organisation der
Natur wichtiger zu sein als sie zu erleben. So gibt es
immer neue Führer durch die Welt der Pflanzen,
Tiere und Mineralien, und es scheint für viele wichtiger zu sein, eine Spezies noch genauer bestimmen
zu können, als sie zu erfahren.
Ich merke, dass ich manchmal nicht mehr wissen
möchte, welchen Baum ich vor mir habe und wie er
sich fortpflanzt und wo er zu Hause ist: Ich möchte
ihn nur noch erleben, jenseits oder diesseits von Ord-
nungen, Beschreibungen und Kategorien. Wichtig ist
mir dann nicht mehr sein lateinischer Name, sondern sein Wesen, nicht mehr seine Zuordnung, sondern sein Eindruck auf mich, nicht mehr seine
Subkategorie, sondern seine Austrahlung.

Kiefer am Meer

Sie steht auf einer Landzunge
gegen den Wasserhintergrund,
der zwischen blau, grau und lila wechselt.
Ihre Form ist ein Kunstwerk,
eine freudige Erregung,
durch die Augen überbracht.
Sie ist vollkommen,
ein Segen, der sich nicht errechnen lässt,
aber auch ihr Schmerz ist sichtbar –
einige Äste sind abgebrochen,
andere sind geisterhaft grau geworden.
Auf diesem Felsen ist sie nur langsam gewachsen,
sie ist klein für ihre hundert Jahre.

Zuerst begegne ich ihr nur mit den Augen
und werde doch gleich von ihr angezogen.
Der Betrachter erkennt die Schönheit.
Während ich mich ihr nähere,
verfange ich mich in ihrer Sprache,
die ein Lied ist.
Der Wind ist daran beteiligt,
jede Nadel ist ein Klangkörper,
die der Wind mit seinen tausend Händen spielt.

Als ich mich in die Borke begebe
und durch die blätterige Trockenheit
bis zum Harz vorstosse,
werde ich ein Teil der Langsamkeit von Bäumen

und erlebe das ewige Atmen allen Lebens,
das Seufzen des Einatmens, das Anstrengen,
das Ausatmen.
Der Harz ist Honig und liebt mich.
Er bleibt an mir kleben wie ein Bernsteinfleck.

Ich rutsche in die vollkommen geformten Schwerter
der Nadeln,
fertig zum Kampf,
ich greife nach der Welt
durch jeden kleinen grünen Pfeil des Lebens.
Ich trage das Grün der Hoffnung.

Ich betrete die primitive Dunkelheit der Wurzeln,
taste mich durch die Granitspalten
und benutze jedes Stückchen Erde.
Mit den Jahren sprenge ich den Felsen
und schmiege mich ein.
Die Sonne ist mein Treibstoff,
mein Durst wird vom Regen gestillt.

Als ich in die Zapfen schlüpfe
spüre ich die Fortpflanzungsenergie,
das Erbe des Überlebens.
Mir wird die Sanftheit bewusst,
die den einzelne Samen zum Sprießen
in die einmalige Erde legt,
begleitet vom Gebetsseufzen des Westwindes.

Ich
hänge an dieser Landspitze.
Siehst du meine schöne Form,
mein überzeugendes Leben,
meine stimmige Härte?
Spürst du meine Borke wachsen,
das triefende Harz,
die Triebkraft,
die die Wurzeln mit Haltevermögen begaben?
Siehst du mich überleben?

Einflüsse

Ich werde manchmal gefragt, welches die Einflüsse in meinem Schreiben und Leben gewesen sind. Erwartet wird dann eine Liste von Schriftstellern, Philosophen, Psychologen und Theologen. Ich könnte sicherlich auch einige nennen, die mich begleitet haben auf meinem Weg. Buber, Kafka, C.G. Jung, Dürrenmatt, Christine Lavant, Buzzati, Stifter, Handke, Sölle, Mary Oliver, Annie Dillard, Barry Holstun Lopez, Riemann, Rilke, Laotsu, William Stafford, Büchner, Rinser, Michael Ende. Aber keiner von ihnen hat mich so nachhaltig begleitet und beeinflusst wie die Bäume meines Lebens. (Die einzige Ausnahme bildet Jesus. Über niemanden habe ich soviel nachgedacht und von niemandem habe ich soviel gelernt.)

In Bäumen habe ich immer wieder gelesen. Sie haben mich umgeben. Sie haben mich aufgerichtet, mein Leben verlangsamt, mich hinterfragt. Ich habe sie an verschiedenen Stellen der Welt immer wieder besucht und mich bei ihnen aufgehalten. Sie sind wie ein Rhythmus in meinen Leben gewesen und sind es noch. Ihre Spiritualität ist eine alltägliche und existentielle: Mit ihrer Form streben sie in den Himmel, mit ihren Wurzeln sind sie geerdet, sie haben ihre Tätigkeit auf das Wesentliche reduziert, sie sind echt. In ihrer Philosophie ist keine Hast.

Wie ein Baum eine einmalige Gestalt hat und wir ihn als Eiche, Pappel oder Tanne erkennen können, so bleibt er aber doch immer erkennbar als Baum. So können auch wir in unsere einmalige Gestalt hineinwachsen und dabei doch das Ewige und Allgemeingültige ausdrücken. Je einmaliger wir werden, desto allgemeingültiger ist, was wir leben.

In einem alten Baum ist das Heilige uns nah.

Wenn Bäume wie Menschen wandern könnten, von einem Ort zum andern, was gäbe das für ein Durcheinander. Wenn Menschen stillstünden wie Bäume und unbeweglich an einer Stelle Wurzeln schlügen, was gäbe das für ein Durcheinander.

Der Baum sagt

Du stehst auf deinen Wurzeln,
stehe wahrhaft auf ihnen.
Sie tragen dich,
nicht die Herrlichkeit deiner Blätter
und nicht die Blüten des Glücks.
Sogar die Frucht,
auf die alle gewartet haben,
die lustig aussieht,
sie trägt dich nicht.
Du wirst getragen von dem,
was verborgen ist.

Die tote Mitte eines Baumes

Es hat mich lange befremdet, dass die Mitte eines Baumes aus Holz besteht, das wie tot wirkt. Das Leben findet in der Rinde statt. Durch die Rinde werden die Lebenssäfte in die Äste, die Blätter und die Blüten geleitet. Schneidet man die Rinde um den ganzen Baum durch, stirbt der Baum.

Jede Faser der Mitte des Baumes war einmal Rinde, war mal durchblutetet, durchsaftet und hat ihren Beitrag zum Wachstum des Baumes geleistet. Dann wurde das Lebendige zu einem Ring, zu einem Stück Geschichte, das für die Experten wie ein Buch zu lesen ist – Länge des Winters, Höhe und Tiefe der Temperaturen, Niederschlag, alles ist von diesem Ring abzulesen. Inwischen wird etwas Neues Rinde. Die Rinde selbst wird zum Stamm, um den die neue Rinde sich legt.

Das Holz in der Mitte mag nicht mehr zum direkten Leben des Baumes beitragen, aber es ist der Stoff, um den sich der lebendige Baum spannt. Das Holz ist Füllmaterial, aber es ist auch Rückgrat des Baumes. Die fünfhundert Ringe einer alten Dorfeiche sind nicht nur Geschichte, sie sind auch das, was der Eiche die Substanz und die Stärke geben. Mit jedem Jahresring wächst die Eiche: Sie wird dicker und höher und ihre durchblutete Borke muss ebenso weiter werden und eine immer größere Fläche bedecken.

Ich schaue auf ein Leben zurück, in dem viel geschehen ist. Das Geschehene ist ein Teil von mir geworden, auch wenn es nicht mehr lebendig ist oder höchstens noch als Erinnerung in mir lebt. Es ist nicht mehr zugänglich, ich kann es nicht mehr durchbluten, es entzieht sich meinem direkten Zugriff – und doch hat es mich entscheidend gebildet und mir die Gestalt gegeben, die ich jetzt habe. Das, was jetzt lebt, meine Borke, das, was ich jetzt aktiv lebe, was durchblutet ist, ist nur möglich auf dem Hintergrund dessen, was einmal Borke war und jetzt Jahresring geworden ist. Alles, was gewesen ist, hat mich zu dem gemacht, der ich jetzt bin – auch die Kälte, die langen Winter, die Dürrezeiten. Das Vergangene kann uns nicht am Leben erhalten, und doch ist das Gegenwärtige nur durch das Abgelegte denkbar.

Aus dem Baum erwächst mir der Mut, zu meiner ganzen Geschichte zu stehen, weil sie mir meine jetzige Gestalt gegeben hat. Auch das, was nur noch eine ferne Erinnerung ist, hält mich aufrecht, und das, was bereits ganz vergessen ist, gibt mir meinen jetzigen Umfang. Und so gesehen ist nichts tot an mir. Alles lebt, und es gibt verschiedene Ebenen der Lebendigkeit.

Ich stehe vor General Sherman, einer der Riesensequoien in California. Er ist zwischen 2500 und 3000 Jahre alt und wiegt 1256 Tonnen. Er ist über 84 Meter hoch, sein Umfang beträgt 31,3 Meter und sein größter Durchmesser ist 11,1 Meter. Noch 54 Meter über der Erde hat er einen Durchmesser von 4,3 Meter. Um den ersten Ast zu erreichen, muss man 40 Meter klettern. Dieser Ast wäre in vielen Ländern ein dicker Baum: Er ist noch 2,5 Meter dick. Das Volumen des Stammes beträgt 1486 Kubikmeter. Der General steht 2100 Meter über dem Meeresspiegel.

In die hohe Krone eines Baumes schauend

Es ist,
als würde ich in dir
in ein anderes Leben aufsteigen,
losgelöst von der schweren Erde,
in der meine Wurzeln haften,
als hätten sie vergessen,
dass über allem ein Himmel ist.

Erlenast

Hast du die Schönheit und Ausstrahlung
eines einfachen Erlenastes vergessen,
um den das Licht sich biegt,
um seine Blätter ins Leben zu lieben
und seine grüne Kraft zu entrollen?

Und liebst du jeden Zentimeter des Astes
bis zum Stamm und den Stamm hinunter
bis in die Erde,
bis hinein in seine Zellen
und aufwärts zu den Spitzen des Astes
und darüber hinaus
in das blaue und blauschwarze Jenseits?

Oder hast du den Himmel verkauft für Dinge,
die nicht zu dir sprechen,
die dich nicht in deiner Tiefe berühren
und nur durch dein Leben geistern,
weil andere ihnen einen Wert
zugesprochen haben?

Die Kunst des Loslassens

Es geht manchmal ganz still vor sich. Ein einzelnes Blatt trudelt von der Spitze des Baumes in die Tiefe, dreht sich durch den Widerstand, den es selbst in der Luft bildet und liegt endlich bei den tausend anderen auf dem Boden.

Von dem Ahorn, der durch drei Etagen unseres Hauses wächst, haben wir im Laufe der Jahre zentnerweise Blätter gesammelt und weggetragen. Es waren Zehntausende von Blättern. Vom Balkon vor der Küche habe ich manchmal die mittagstellergroßen Blätter zehn Meter in die Tiefe geworfen und zugesehen, wie sich durch die Luft abwärts schraubten.

Die Krone hat einen Durchmesser von zwanzig Metern und bildet einen großen Widerstand für die Herbststürme. Aber ehe die Herbststürme beginnen, tritt eine evolutionäre Weisheit ein und befreit den Baum von seinen Blättern. Es ist ihr Schicksal, nicht mehr goldenbraun im Himmel zu hängen, sondern zu fallen. Vielleicht fallen sie nicht mit verneinender Gebärde, sondern mit einer bejahenden Gebärde, die dem Baum ermöglicht zu überleben und ihn im nächsten Frühjahr neu beginnen lässt.

Manchmal glaube ich, dass es keine größere Kunst gibt als die des Loslassens. Alles in uns ist das Festhalten gewohnt. Wir üben es vom ersten Moment unseres Lebens an. Der Säugling fordert und braucht die Brust der Mutter und hält sie mit seiner Saugbewegung fest. Seine kleinen Finger schließen sich fest um den einen Finger des Vaters, wenn er ihn dem winzigen Geschöpf reicht. Das Spielzeug wird festgehalten, die Liebe der Eltern, der erste Besitz, der Inhalt des Darms wird festgehalten und manchmal nur in einem Tauschgeschäft losgelassen, das kleine Schwesterchen oder Brüderchen wird besessen und Aufmerksamkeit wird gefordert und nicht leicht abgegeben. Es scheint so, als wenn Teilen gelernt werden muss, weil in jedem Teilen ein Stück des Verlustes zu spüren ist. Als Kinder glaubten wir, dass wir, was wir weggeben, nicht mehr haben würden. Erst später und manchmal nie lernen wir, dass wir nur echt besitzen können, was wir weggeben. Alles, was wir festhalten, entgleitet uns auf geheimnisvolle Weise.

Da macht der Baum uns etwas vor. Hunderttausend Blätter lässt er los. Aber vielleicht – wer kann es wissen – gibt es eine Art Baumbewusstsein, in dem der Baum auf den Moment des Loslassens wartet, weil er beseelt, beharzt oder besaftet ist von der Vorstellung, im nächsten Frühjahr hundertundtausend*ein* neue Blätter zu schaffen, sie mit einer großen Sorgfalt einzeln zu entrollen und zu entfalten und an jeden Ast zehn Zentimeter lange Schäfchen zu hängen, die die Luft erfüllen mit einem feinen Staub, der dafür sorgt, dass das Leben des Baumes weitergeht.

Manchmal kenne ich das Gefühl des Baumes, seine innere Weisheit: Ich lasse los und tue es mit großer Freude, weil ich in dem Moment Platz mache für etwas anderes. Das, was nicht mehr an mir hängt, das, was mich nicht beschwert, macht mich frei für etwas Neues. Das, was ich loslasse, ist sich selbst überlassen und kann auf seine Weise erwachsen werden. So lernen wir loslassen: den Besitz, die Freunde, den Vorrang, das Wichtigsein, das Wissen, die Gesundheit, die Jugend, das mittlere Alter und am Ende – meistens mit hartnäckigem Widerstand – das Leben, das Leben, wie wir es kennen. Und wenn wir etwas von dem Baum gelernt haben, dann wächst in uns die Ahnung, dass hinter allem Losgelassenen etwas Größeres wartet.

Wollen wir weniger sein?

Wenn wir uns
– wenn auch nur für einen Moment –
in einen Baum verwandelten,
wir würden das Leid besser ertragen können.
Über den Baum
zieht jedes Jahr
ein halbes Meer Regen,
ein Berg Schnee,
das Glühen der Sonne,
das Knacken der Frostes,
und am Ende steht er da
in der Herrlichkeit seiner Blüte
und hat alles vergessen,
was ihn zu zerstören suchte.
Wollen wir weniger sein,
und verzagen und jammern?

Baum = Erleuchtung

Die buddhistische Überlieferung berichtet uns, wie der fürstliche Yogi Gautama Shakyamuni den Palast und das Königreich seines Vaters verließ und sich viele Jahre lang der Askese widmete, bis er kurz vor der Erleuchtung stand. Als er unter dem Bo-Baum saß, kam der Gott Kama-Mara, ein Meister der Illusion und versuchte ihn. Durch Meditation und Verharren in der inneren Schau bestand er die Versuchung und wurde erleuchtet. Seitdem ist er der „Erweckte." Versunken in dem Erlebnis blieb er sieben Tage und sieben Nächte unter dem Bo-Baum sitzen und erfuhr dabei „die Seligkeit des Erwachens." Als er versuchte, den Ort zu verlassen, konnte er es nicht. So setzte er sich unter einen zweiten Baum und blieb wieder sieben Tage und sieben Nächte, erfüllt von dem Glück der Erleuchtung. Danach setzte er sich ein drittes Mal unter einen dritten Baum und geriet wieder in eine Art Verzauberung. So tat er es sieben mal sieben Tage. Nach neunundvierzig Tagen öffnete er sich wieder der Welt und begriff, dass er nicht in Worten ausdrücken konnte, was er in seiner Erleuchtung erlebt hatte.

Der Baum war der Vermittler und der Ort, an dem die Erleuchtung geschehen konnte. Der Baum schafft die Verbindung zwischen Himmel und Erde. Durch ihn teilt sich der Himmel uns mit und durch ihn werden wir an die Erde gebunden.

Eine Douglastanne am Meer

Vor einigen Jahren suchten wir nach einem Bauplatz außerhalb der Stadt. Wir wollten die Großstadt Vancouver verlassen und direkt ans Meer ziehen. Fast mein ganzes Leben lang habe ich in „Reichweite" des Meeres gewohnt, aber nie direkt am Strand, im tatsächlichen Dunstkreis des fliegendes Wassers, das der Wind von den Kämmen der Wellen hochreißt.

Auf der Rückreise von zwei Tagen bei den Walen – wir sahen 38 Orcas, diese herrlichen Tiere in der Johnstone Strait, einer Enge zwischen Vancouver Island und dem Festland von British Columbia – fuhren wie die ganze Länge der Sunshine Coast entlang. Dies ist ein Stück Land, das nur mit der Fähre zu erreichen ist, es führt keine Straße dorthin. Unter anderem sahen wir ein Gründstück an der „Orca"-Straße. War das eine besondere Führung, eine Jungsche Synchronizität, dass wir, gerade von den Orcas kommend, ein wunderbares Grundstück auf einer Straße, die „Orca" hieß, sahen? Es war das letzte am Ende einer Straße, umgeben von Wald, vor allem von Arbutus Bäumen. In Gedanken stellten wir schon das Haus auf das Land, achteten darauf, welche von den Arbutus wie nicht fällen brauchten, sahen auf eine kleine Insel im Westen und waren schon drauf und dran einzuziehen, als uns auffiel, wie weit weg wir von unseren Freunden in Vancouver sein würden. So schoben wir den Umzug auf und zeichneten und bauten noch nicht. Wir suchten weiter auf verschiedenen Inseln und auf dem Festland. Wir wollten einen Felsen am Meer – keinen Garten, keinen Rasen, keine Verpflichtung an die Ordnung. Wir wollten frei sein, zu kommen und zu gehen.

Eine Maklerin in dem kleinen Fischerdorf Gibsons schlug uns ein Grundstück vor, wir sahen es uns an, aber es war sehr steil und lag zwischen zwei Häusern, die uns zu nah waren. Da war nicht genug Platz.

Es reizt mich immer, bis ans Ende einer Halbinsel zu gelangen, dem Meer gegenüber zu stehen und nicht mehr weiter zu können. Das taten wir auch jetzt. Wir verließen das vorgeschlagene Grundstück und erreichten nach dreihundert Metern das Ende des Landes. In einer stumpfen Spitze wagt sich ein Felsen ins Meer. Und direkt auf der Spitze stand eine abgebrochene Douglastanne von über zwanzig Metern Höhe mit einem Umfang von 2,65 Meter – ich habe ihn später gemessen – und einem Durchmesser von fast einem Meter. Sie war umgeben von Granit, in deren Ritzen verschrobene Kiefern wuchsen neben verschiedenen Sorten Moos, Saskatoonbeeren und winzigen Blumen. Über der ganzen Spitze lag ein süßer Geruch, wie ich ihn von der Wüste her kenne. Immer wieder glitt mein Blick über die hohe Tanne, die fast vom Meer auf die Höhe der Straße wuchs. Es gab auf diesem Stück Land kein Schild, dass es zu verkaufen sei, aber es stellte sich heraus, dass es so war. Es sei allerdings fast unmöglich, darauf zu bauen, versicherte man uns, wegen gewisser Vorschriften und anderer Hindernisse.

47

Wir haben in den folgenden Wochen immer wieder die Fähre auf dieses Stück Land genommen, sind auf die Spitze gefahren, und ich habe immer bis zum letz-ten Moment gewartet, ehe ich das Grundstück verließ, um es noch zurück zur Fähre zu schaffen. Ich wollte die Kraft nicht verlassen, in der ich mich auf diesem Felsen bewegte. Es war ein Ort seltsamer Konzentration, Ort einer tiefen Verbundenheit mit der Welt. Es bildete sich eine Beziehung zu diesem Tanne und sie wurde zu einem inwendigen Baum für mich. Als dann Weißkopfadler majestätisch auf genau dieser Tanne landeten, stimmten das äußere und das innere Bild überein.

Wir haben das Grundstück gekauft und am Ende sind wir dorthin gezogen. Wir haben die Hindernisse überwunden und ein Haus in den Felsen und in die Luft über dem Meer gebaut und sehen nun jeden Tag die Douglastanne, die mir ähnelt. Sie ist älter als ich, aber ihre abgebrochene Spitze macht sie jünger. Sie hat fast ganz oben einen vertrockneten Ast, auf dem weiterhin fast jeden Tag ein Weißkopfadler landet. Aus zehn Metern Entfernung beobachtet er uns im Schlafzimmer, im Wohnzimmer und in der Essecke, so wir wir ihn. Er ist manchmal der Star meiner Bilder zusammen mit seiner Partnerin. Ab und zu kommen auch ihre halbwüchsigen Kinder dazu. Wir haben den Adlern keine Namen gegeben, weil wir nicht adlerisch sprechen und sie nicht vermensch-lichen wollen. Der Baum ist schon lange vor uns ihr Baum gewesen. Er hat sie zu uns gebracht. Er soll ihr

Baum bleiben, auch wenn wir eine Haus nur wenige Meter entfernt gebaut haben. Auch beim Bau des Hauses, beim Kreischen der Sägen und beim Hämmern und Rufen, war es immer klar, das die Adler vor uns hier gewesen sind und wir die Neulinge waren.

Was der Baum uns sonst noch durch seine Anwesenheit bringt, werden wir erst mit der Zeit feststellen. Aber ein Reiher ist schon auf ihm gelandet und vor kurzer Zeit eine Eule, die wir mit unserem Nachtglas an ihren spitzen Ohren erkennen konnten, noch ehe sie uns ihre zwei ganz unterschiedlichen Rufe vorgeführt hat, bis wir eingeschlafen sind. (Gerade eben, während ich dies schreibe, landet einer der Jungadler auf der Douglastanne. Er steht fast still in der Luft, im Gegenwind, stellt die gelben Füsse mit den großen Krallen – die alle kleinen Tieren, die sie erfassen, bis aufs Herz durchbohren – nach vorne und setzt ganz leicht auf den toten Ast auf.)

Während des ersten Winters im Haus gab es Winde von 120 Stundenkilometern, und zusammen mit der Tanne hielt unser Haus stand. Mit dem Baum verbindet uns der Sturm und die Stille, der Nebel und die Gezeiten, die Wärme des Sommers und der seltene Schnee im Winter.

Ich habe mein Arbeitszimmer so gelegt, dass ich den Baum immer sehen kann. So geistert er durch viele meiner Gedichte, manchmal mit Namen und oft nur als Geist der Weite. Er ist ein Traumbaum. Ich träume ihn und er mich. Seit Jahren gehören wir zusammen.

Es war der 24. August 1994, als ich diesen Baum zum ersten Mal sah und mich mit ihm verband. Manchmal sinne ich über seine Ausstrahlung nach. Eben als ich dies schreibe fahren vier Fischerboote unter ihm aufs Meer hinaus.

Contorta Pacifica

Eine Kiefer
von der Familie der Contorta Pacifica
eifert ihren südlichen Familiengliedern nach:
wie die Pinus Longaeva
– die langlebige Kiefer –,
lässt sie Teile von sich sterben,
damit andere Teile überleben.
Das Gestorbene in seinem vergehenden Silber
ist ebenso schön wie das grüne Leben.
Es sind die zwei Seiten des Lebens,
die zwei Seiten des Todes.

Den ganzen Sommer lang

Ich habe versucht, sie zu umarmen,
die Schönheit, die sich über den Himmel
und das Meer bewegte,
über die Douglastanne, den Raben, den Habicht,
über die mit Flechten bewachsenen Granitfelsen,
und den königlichen Adler
mit seinem schwarzen und weißen Gefieder,
den ganzen Sommer lang.
Ich spürte, dass ich Gott begegnen würde,
in seinem gemessenen Schritt,
in ihrem völligen, fließenden Gewand,
unter dem steilen Baum meines Herzens.

Nicht was ich fand,
sondern was ich suchte,
richtete mich auf.

Die Bäume meiner Jugend

Als ich zehn Jahre alt war, wanderten wir nach Kanada aus – in die Prärie Albertas, wo es wenige Bäume gab. Ich sah und spürte es sofort. Der Geist der Bäume war nicht da. Da herrschte der Geist der Gräser und Ebenen. Die Weite wurde nur selten durch die aufrechten Formen von Bäumen unterbrochen.

Wir hatten uns verpflichtet, Zuckerrüben zu hacken. Auch ich stand morgens kurz nach Sonnenaufgang auf der Weite des Feldes, mit einem Strohhut gegen das Brennen der Sonne, mit einer Hacke und mit einer Sehnsucht nach Bäumen. Es gab keinen Schatten, die Sonne war unerbittlich. Ohne Bäume war die Fremde doppelt fremd, und ich erinnere mich, dass ich weinte vor Sehnsucht nach dem, was ich verlassen hatte – die Freunde, mit denen ich durch die Wälder gestreift war. Sie waren weit weg und ich hatte nicht den Trost der Bäume. Nur rings um das Gehöft, auf dem wir wohnten, gab es Bäume – Pappeln, deren Kronen im Wind wie ein Himmel voll leuchtenden Münzen wirkten. Ich habe sie im neuen Land lieben gelernt, und sie waren wie ein fremdartiger Ersatz für das, was ich verloren hatte.

Genau zu meinem 13. Geburtstag zogen wir aus der Prärie fort – in den Norden der Provinz British Columbia. Dort verlebte ich meine Jugend und entdeckte Bäume, von denen ich als Kind nicht hätte träumen können. Am Ende eines Fjordes, etwas südlich der Südspitze Alaskas, in einer Wildnis, in der wir gelegentlich dachten, dass wir vielleicht die ersten Weißen waren, die ein Stück Land betraten, wuchs meine Liebe zu den großen, ungezähmten Bäumen und zu der Wildnis, in der sie standen. Ich begann zu verstehen, dass die Welt nicht dem Menschen gehört, sondern ihm nur vorübergehend zur Verfügung gestellt ist. Die Bäume dieser Wälder waren gewaltig. Manchmal sahen wir Laster, die nur einen einzigen Baum transportieren konnten. Seine drei Meter Durchmesser füllten den Laster aus. Und zwischen den Bäumen lebten die Bären, Elche und Berglöwen. Manchmal gingen wir vorsichtig und zaghaft durch diese Wälder, manchmal draufgängerisch und unverwüstlich. Diese Welt war wirklich nicht zu besitzen. In ihr war man nur vorübergehend gelitten.

Die Sommer verbrachte ich mit einigen Freunden auf Flößen im Meer. Morgens packten wir unsere Angeln ein – Holzbretter, um die wir 30 Meter Schnur gewickelt hatten, um damit Flundern zu fangen. Die Flöße lagen verankert in einer Bucht des Meeres, von wo aus sie zur Papiermühlen oder Sägemühlen geschleppt wurden. Auf diese Flöße begaben wir uns und legten unsere Angeln aus. Wir lernten das Balancieren auf schwimmenden Bäumen, das Baden zwischen ihnen und das Abspringen, wenn die Flöße mit der zurückgehenden Flut ins Meer hinausgetragen wurden. Diese gefällten, schwimmenden Bäume waren manchmal so groß und schwer, dass sie sich überhaupt nicht rührten, wenn man auf sie aufsprang. Die siebzig oder achtzig Kilo, die wir wogen, bewegten ihre Tonnenschwere nicht. Es waren nicht mehr die stattlichen, aufstrebenden Bäume der Wälder, sondern das horizontal lagernde Holz, das später zu Bauholz und Papier gemacht wurde. Ich begann zu verstehen, dass Bäume Geld waren, und empfand doch damals schon die kahlgeschlagenen Stellen im Wald wie ein Leiden des Waldes, wie eine Wunde, die wir dem Planeten zufügten.

Mit fünfzehn meldete ich mich zur Waldbrandbekämpfung. Weitab von allen Straßen bekämpften wir einen großen Brand. Drei Monate lang brannte der Wald. Unser Essen wurde eingeflogen und im Tiefflug abgeworfen. Wir schnitten eine Schneise in den Wald und setzten Gegenfeuer, um Feuer mit Feuer zu bekämpfen; manchmal war das Feuer flinker, und ehe wir unsere Schneise fertig hatten, war es an einem Ende herumgebrannt, oder es sprang in den Kronen der Bäume über und ließ sich nicht durch unsere Schneise stören. Ganze Städte hätte man mit dem Holz bauen können, das in Flammen aufging. So wurde aus dem unverwüstlichen Wald, der mich nicht kannte, ein verletzbarer und verletzter Wald. So wurde ich vorübergehend und sehr ungenügend ein Retter des Waldes. Und wenn ich vorne an der Spritze stand, schoß ich das Wasser in die Flammen, als wollte ich mehr als nur den Wald retten. Und wenn die Pumpen im Tal aussetzten und sie kein Wasser mehr von den Seen und Bächen der Wildnis auf die brennenden Hänge beförderten, dann mussten wir uns selbst vor den Flammen in Sicherheit bringen und den Wald brennen lassen, als wäre er weniger wert als wir.

In diesen Wäldern hatte ich keine einzelnen Bäume, die ich liebte, wie ich sie früher und später hatte. Der ganze Wald marschierte durch mein Wesen und durch meine Träume wie eine unübersehbare Schar Menschen, wie eine elementare Kraft, die dem Planeten seine Gestalt gibt. Jeder Tag prägte mich und liegt noch heute in mir wie eine Ablagerung im Holozän meiner Seele.

Der Obstgarten meines Onkels

Als ich 1963 mit zwanzig Jahren zum ersten Mal seit unserer Auswanderung zehn Jahre vorher wieder nach Deutschland kam, gehörte es sich, auch meinen Onkel zu besuchen. Als Kinder hatten wir zeitweilig mit ihm zusammen gewohnt und hatten vor allem begeistert mit ihm Steinstoßen und andere leichtathletische Übungen gemacht. Deutschland war aber für mich bei diesem ersten Besuch ein fremdes Land. Als Kind, in der armen Zeit nach dem Krieg, hatte ich nicht viel von Deutschland kennen gelernt. Ich sprach die Sprache, kannte deutsche Dichter, Fußballer und Leichtathleten, wusste aber nicht viel mehr über das Land und seine Gewohnheiten. Inzwischen hatte das Wirtschaftswunder stattgefunden. Man begann in Deutschland wieder jemand zu sein. Schon bald nach dem Verlassen des Schiffes in Le Havre und nach ein paar Tagen in Paris, wie sich das für einen jungen Weltreisenden gehört, war ich in Deutschland und spürte bald den Unterschied zu Kanada. Ich habe bis heute nicht aufgehört, mir über diesen Unterschied Gedanken zu machen, weil ich beides bin – Deutscher nach meinem Ursprung und Kanadier nach der Prägung in meiner Jugend und in meinem erwachsenen Alter, Prägung besonders durch die Natur, durch die Landschaften, die wie Spielplätze für meine Seele waren.

Mein Onkel war in Urlaub, als wir an seinem Haus ankamen. Er hatte uns gesagt, wie wir an den

Schlüssel kämen, und so standen wir bald in dem Haus und versuchten uns einzufinden. Dabei fiel unser Blick auf den Garten. Er lag hinter dem Haus und war winzig. Eigentlich war er nicht wirklich zu sehen, weil er so dicht mit Obstbäumen bepflanzt war, das man den Garten vor Bäumen nicht sehen konnte. Jeder Quadratzentimeter schien ausgenutzt zu sein. Es war gegen Ende des Sommers und die verschiedenen Obstbäume trugen bereits Früchte, auch wenn sie nicht ausgereift waren. Da hingen Äpfel, Birnen, Pflaumen, die Kirschen waren bereits abgeerntet, so dicht beieinander, dass sie kaum Platz zum Reifen zu haben schienen. Es war absolute Nutzung. Komplette Effizienz. Man konnte die Form von keinem der Bäume wahrnehmen. Sie waren so ineinander gewachsen, dass Birnen an Apfelbaumästen zu hängen schienen und Pflaumen aus Birnenästen hervorgingen. Kein Baum hatte eine Gestalt. Der Baum war hier nur eine Maschine zur Produktion von Frucht. Je mehr Frucht, desto besser. Es war eine Art Bonsai Garten – nicht die einzelnen Pflanzen und Bäume waren klein, sondern der ganze Garten war klein, als wäre er von einer großen Hand gewaltsam geschrumpft worden.

Ich dagegen hatte in Kanada eine entgegengesetzte Entwicklung durchgemacht – in der Prärie und dann im Norden von British Columbia hatte ich eine Art Entgrenzung erlebt. Die Prärie schien ohne wesentliche Unterbrechung bis zum Horizont zu reichen und dann darüber hinaus endlos weiterzulaufen.

Von der Farm bei Lethbridge, auf der wir Zuckerrüben hackten, waren es 110 Kilometer bis zum Chief
Mountain im US-Bundesstaat Montana. Der Berg
war fast jeden Tag zu sehen und sprach von einer
anderen Welt. In einer Art seltsamen Fernwehs zog
der Berg mich in eine Endlosigkeit, die ich damals
nicht verstehen konnte und an der ich auch heute
noch herumrätsele. Und im Norden von British
Columbia gab es Wälder, die nicht nur endlos schienen: sie waren es auch. Man konnte in den Wald ein-
treten, sofern man das Unterholz und die durch
Jahrtau-sende umgefallenen Bäume, die kreuz und
quer im Wald vermoderten, überwinden konnte, und
hundert oder auch zweihundert Kilometer gerade-
aus gehen und auf keine Straße und nichts
Menschen-gemachtes treffen – nur Wald, mit wilden,
namenlosen Flüssen und Bächen, mit Elchen und
Bären, der Natur vollkommen ausgeliefert.
Dieser junge Mann der Weite trat in den Bonsai Garten in Schwäbisch Hall. Der Zusammenprall hätte
nicht größer sein können. Hier trafen zwei Vorstellungen von Natur aufeinander. Mir ging damals auf,
dass die Natur wild sein kann, so wild, dass der
Mensch in ihr keine Chance hat, wenn er sich nicht
an die Regeln hält – und selbst dann ist es eine Frage
des Glücks, ob der Mensch sich in ihr behaupten und
einen Platz in ihr finden kann. Es gab genug
Geschichten von Menschen, die untergegangen
waren in der Natur, mit ihrer Härte und Gefühl-
losigkeit. Verloren gegangen, ertrunken, abgestürzt,

von wilden Tieren getötet. Und die Natur kann so gezähmt sein, dass sie nicht mehr ein wahres Bild ihrer selbst ist. Sie kann verbildet sein, verstümmelt und nur noch Ausdruck der mächtigen Hand des Menschen, der sie mit seinem Wissen formt und begrenzt, einengt und ausbeutet, als wäre sie eine niedere Form von Leben.

Bäume drücken diese unterschiedliche Natur am besten aus. Da die gewaltigen Douglastannen, bis 80 Meter hoch in den Himmel stürmend, und hier die gestutzten, beschnittenen, ärmlichen Abbilder von Bäumen, verkümmert und auf Produktion abgerichtet. Ich weiß noch, dass der Garten auf mich krank wirkte, weil ich meine Entscheidung, was Natur sei, längst getroffen hatte, ohne es gemerkt zu haben. Natur war für mich eine ungeheure Kraft, die nach eigenen Gesetzen vorgeht und immer nur begrenzt gezähmt werden darf, wenn sie selbst und der Bändiger nicht permanenten Schaden leiden wollen.

Damals begann ich, vielleicht ohne es mir bewusst zu machen, darüber nachzudenken, wie es möglich ist, zu einer Koexistenz von Natur und Mensch zu finden, bei der beide nicht verstümmelt werden, sondern beide gedeihen, in einem tiefen Respekt voreinander.

Das Leuchten der Espen im Herbst

Da,
auf der Prärie Montanas,
zwischen dem braunen Gras
in einer Senke,
durch die ein wenig Wasser fließt,
jetzt am Ende des Sommers,
steht Gott,
weißstämmig, zitternd,
goldenen Hauptes
vor dem Tiefblau
seines Atems.

Ein Sommertag

Wir waren verlobt und du wolltest mich am Nachmittag in meiner kleine Studentenbude besuchen. Es war ein warmer Sommertag und ich wollte nicht drinnen auf dich warten. Da ging ich zu den alten Kastanien am Rand des Golfplatzes und legte mich unter sie. Dort konnte ich ganz allein sein. Dir hinterließ ich eine genaue Anweisung, unter welchem Baum ich im Gras liegen würde. Es war nicht weit weg von meinem Zimmer, ein paar hundert Meter.

Ich erinnere mich, dass ich müde war und doch geladen mit Energie durch mein Warten auf dich. Ich träumte dein Kommen auch im wachen Zustand. Alles andere wurde unwichtig und trat zurück. Alles konzentrierte sich auf das Treffen mit dir.

Als ich dann aufwachte und dich über mich gebeugt fand, war es wie ein Aufwachen in einer anderen Welt. Ich wollte aufwachen und gleichzeitig wollte ich in Halbschlaf endlos auf dich warten in der unvergleichlichen Vorfreude auf das Treffen. Nichts ist wie diese Vorfreude, in der die Dinge sich in uns immer neu bilden und entwickeln, bis sie in ihrer Gestalt das Glück erreichen, das unerreichbar schien.

Die Bäume über uns bildeten das Zimmer der Natur, ihre Kronen waren die Decke, ihre Stämme die Wände. In diesem Zimmer beugtest du dich über mich in deinem blauen Kleid mit den weißen Punkten, dass du dir selbst genäht hattest. Hinter dir war eine Art Unendlichkeit, in der alles bleibt wie es in diesem Moment ist. So wollte ich es. So empfing meine Seele den Moment und ließ ihn sich einbrennen. So entstand etwas in der Zeit, das aus der Zeitlosigkeit kam.

Unendlich viel ist seitdem geschehen. Wir haben geheiratet und unsere Töchter sind jetzt schon älter als wir damals waren. Und doch sind wir in einem Teil von uns selbst auf geheimnisvolle Weise die geblieben, die damals unter den Kastanien lagen. Etwas in uns ist unberührt geblieben von dem Treiben der 38 Jahre, als hielten wir etwas heilig in uns. Es ist eine bittere Süße in uns, weil sich die Welt verändert und auch wir uns verändert haben.

Die Bäume sind älter geworden und ein wenig dicker und unter ihnen haben andere Liebende gelegen, haben in ihre Kronen geblickt und sich Dinge zugeflüstert, die ewig halten sollten, aber nie hat ein Paar den Moment so erlebt wie wir, weil es nie jemanden wie uns gegeben hat und nie geben wird.

Verwandt mit Bäumen

Wir haben das Bedürfnis, die Welt zu mythologi-
sieren. Wir wollen das Sichtbare an das Unsichtbare
anschließen, das Zeitbedingte an das Zeitlose, das
Alltägliche an das Außergewöhnliche. Wir hoffen, so
auch selbst etwas ungewöhnlicher, zeitloser und
transzendenter zu werden. Vielleicht tun wir es auch,
weil wir in uns immer diese Seite spüren, der keine
Beschreibung gerecht wird, die nicht erfassbar ist, die
grenzenlos denkt und auch grenzenlos ist. Wir
wollen dieser Seite Rechnung tragen und überhöhen
darum das, was uns umgibt.
Kaum etwas trägt so unsere Projektionen wie die
Bäume unseres Lebens. In kaum einem natürlichen
Phänomen finden wir uns so wieder wie in Bäumen.
In der Anmut der Birke, in ihrem schlanken Wuchs
und ihrem hellen Stamm, der wie ein Wink ist –
Birken machen uns sanfter, sie geben uns Hoffnung,
dass nicht nur die Brutalität in der Welt siegen wird.
In der mächtigen Eiche, die in ihrer Standhaftigkeit
das lebt, was wir träumen und hoffen zu leben – wir
haben mehr innere Kraft als wir dachten und getrau-
en uns Wege zu finden und unsere Kraft einzusetzen.
In der Trauerweide mit ihrer Schwermut und ihrer
Spiegelung des Tragischen des Lebens – sie fängt uns
auf und erlaubt uns unsere Trauer, so dass wir nicht
in ihr untergehen. Sie alle haben etwas Tiefinneres
von uns und machen es sichtbar oder machen uns
durch ihre äußere Anwesenheit deutlich, was wir in

64

uns tragen. Die Bäume sind unsere Schwestern – fast alle Bäume sind weiblich, die Birke, die Erle, die Eibe, die Kiefer, die Akazie. Und sie sind unsere Brüder – der Ahorn, der Eukalyptus, der Kaktus. Sie stehen aufrecht wie wir. Sie sind so ausgesetzt wie wir. Die Schicksalsschläge sind ihnen manchmal anzusehen in ihrer bizarren Form, ihrer abgebrochenen Krone, in ihrem vom Blitz gespaltenen Leib.

Sie leben wie auch wir in drei Reichen. Mit ihren Wurzeln stehen sie im Erdreich, im Dunklen, in der Unterwelt, im geheimen Reich der Kraft, der Erde verhaftet. Mit ihrer Krone reichen sie in den Himmel, in die jenseitige Welt, in die Welt der Träume und Vorstellungen, die oft unerreichbar wirken. Und mit ihrem Stamm stehen sie zwischen den Welten, in der Wirklichkeit des Sturmes, des Regens und des Frostes, der Sonne, der Insekten und der Sägen der Menschen. Der Stamm seht in der Mitte und streckt sich in beide Richtungen aus. Er ist der Erde und der Luft verpflichtet.

Wer von uns hat das nicht schon gespürt? Wie der Baum bewohnen wir das mittlere Stockwerk und werden von oben und unten geliebt, gezerrt, geför-dert, bedrängt, erkannt, vergessen. Der Baum ist unser Bruder, die Bäumin ist unsere Schwester. So haben wir seit Jahrtausenden eine Beziehung mit Bäumen. Wir haben in ihrem Schatten gesessen, sie besungen, Menschen an ihren Zweigen aufgehängt, sie als Treffpunkt gebraucht, als Markierung und als Schutz. Sie haben uns ganz zentral durch unsere

Entwicklung begleitet – durch die Steinzeit, die Bronzezeit, durch Revolutionen und friedliche Zeiten. Wir haben uns ihnen gewidmet in Gärten und Alleen, in Parks und Forsten. Wir haben sie angebetet, geschmückt, geerntet, gerodet, verehrt. Wir haben ihnen besondere Kräfte zugeschrieben, ihre Borke als Medizin gebraucht, aus ihren Fasern eine Vielzahl von Produkten gemacht. Es ist wichtig, dass wir sie um uns haben, weil sie Bände von uns erzählen. Da, wo alles zuzementiert ist, verlieren wir eine wichtige Quelle der Auskunft über uns selbst. Im Dickicht der Großstädte leben wir ohne diesen besonderen Bezugspunkt und werden blind für uns selbst. Wir haben Bäume großgezogen, aber zur gleichen Zeit haben auch sie uns großgezogen. Ihre Wahrheit ist unsere Wahrheit. Ihr Leben ist unser Leben. Ihr Sterben ist unser Sterben.

Zusammengesetzt

Ich bewegte mich heute
durch die grünen, moosigen Bäume
und vergaß mich ganz.
Nur ein Teil von mir blieb übrig.
Ich versank in der Zeit
und kehrte nicht wieder zurück.
Später am Nachmittag
schwammen die Wale durch die Enge
vor unserem Haus
und brachten mir Herz und Seele wieder.

Ich bin aus Stücken zusammengesetzt
und indem sie einander berühren
schaffen sie ein Ganzes,
dass mehr als seine Teile ist.
Aber das Ganze, das ich nun sehe,
ist wiederum auch nur ein Teil.
Meine Sehnsucht wird immer größer sein
als ich selbst.

Der Baum sagt

Ich trage dich,
wenn du an meinem Stamm aufsteigst,
Gedanke um Gedanke,
Hand über Hand,
bis du das vergisst,
was dich kleinlich macht.

Du bist wie ich,
wenn du es nicht aus den Augen verlierst.
Wenn ich dich erst trage,
beginnst du dich selbst zu tragen.
In dir ist eine Kraft,
die du vergessen hast.

Eine Kiefer in Utah

In einem kleinen Canyon, der insgesamt nur vielleicht drei Kilometer lang ist und zum großen Teil aus vertikalen Wänden besteht, wächst eine Kiefer auf einem winzigen Vorsprung an einer senkrechten Wand. Ich habe sie die ersten Male, als ich diesen Canyon besucht habe, gar nicht gesehen, weil sie so steil über dem Wanderer steht. Dort oben vermutet man nur Felsen und schenkt darum dem Sand, den Büschen und Rehen des Canyons die ganze Aufmerksamkeit. Erst als ich irgendwann auf die andere Seite des Canyons ging und zurückblickte und gerade an der Stelle der Blick auf die gegenüberliegende Wand frei war, sah ich das Wunder des Wachstums. Sechzig oder siebzig Meter hoch über dem Canyonboden stand eine Kiefer von sicherlich fünfzehn Metern Höhe auf nichts als nur rotem Felsen – so schien es wenigstens.

Ich stelle mir vor, wie vor hundertundfünfzig Jahren ein Same vom oberen Canyonrand auf diesem Vorsprung gelandet ist. Aber ehe wir dem nachgehen, müssen wir uns fünftausendunddrei Jahre zurückversetzen. In dem Sommer gab es einen mächtigen Sturm, der einige Körner Sand von der oberen Kante des Canyons in den Canyon blies, wie er es schon lange getan hatte. Aber diesmal blieben die Sandkörner auf dem Vorsprung liegen. Sie verfingen sich in einer Felsritze und wurden nicht wieder fortgeblasen. Gerade über dieser Ritze geschah schon lange etwas anderes. Ein Felsbrocken war dabei, sich von dern steilen Wand abzuspalten. Jeden Winter fiel Schnee zwischen die Wand und den Felsen, wurde zu Wasser, gefror, dehte sich aus und vergrößerte so den Riss zwischen Wand und Fels. Vor viertausend-neunhundertneunundneunzig Jahren war es so weit – ein letztes Gefrieren, eine letzte Expansion, und der viele Zentner schwere Fels brach ab und fiel auf den Vorsprung neben die Sandkörner. Er fiel so, dass er einen geschützten Raum zur Wand hin bildete. Danach war es dreißig Jahre ganz still. Es schien nichts zu passieren, aber oben am Canyonrand wuchs eine Espe aus ihrer Mulde heraus und wurde so groß, dass es ihr endlich gelang, ein paar ihrer Blätter in den Canyon zu werfen. Zwölf davon fielen in den geschützten Raum zwischen Wand und Fels. Sie trockneten aus, wurden naß, trockneten wieder, wurden wieder nass und verloren in jeder Verwand-lung mehr von ihrer Form und Farbe. Am Ende waren sie braun, dann schwarz und endlich ganz unansehnlich, aber mit jeder Verwandlung gelangten sie näher an das Ziel ihrer Berufung. Im nächsten Jahr kamen hundertundfünfzig weitere Blätter dazu, dann kam ein mageres Jahr mit nur einem her-abgewehten Blatt, danach aber kam ein Jahr mit 1024, die alle dieselbe Entwicklung durchmachten. Im Jahre 4677 *VHRG* – von heute rückwärts gerechnet – gesellten sich zu den Espenblättern die ersten Tannennadeln. Auch ihre Anzahl wuchs, je höher die Tannen am Canyonrand wurden. Auch die Nadeln wurden am Ende schwarz und verwesten. So begann langsam, ganz langsam aus den Nadeln, den Blättern, den Sandkörnern und dem Staub, der manchmal vom Canyon aufstieg, und von dem was die Vögel hinterließen, wenn sie sich im Frühjahr auf dem Vorsprung niedersetzen, sich eine Masse zu bilden, die den Felsen bedeckte und an Tiefe gewann. Es dauerte weitere 744 Jahre, bis ein Kiefernzapfen auf diese Masse fiel. Aber er wurde beim nächsten Vollmond weggeblasen und fiel auf den Boden des Canyons. Nach 212 Jahren, es war 877 *VHRG*, löste sich ein Kern aus einem Kiefernzapfen heraus, ehe der Zapfen von einem Vogel davongetragen wurde. Dieser Kern lag da und die Sonne und der Regen ließen ihn keimen – und sterben. Es war noch nicht Zeit.

Aber vor 149 Jahren brachte eine Krähe einen Kiefernsamen und legte ihn auf dem Vorsprung ab, als wäre sie verantwortlich für die Begrünung der Welt. Ein früher Schneefall deckte ihn zu und ließ ihn so den harten Winter überleben. In dem Samen lag eine ganze Welt an Information verborgen. Er begann zu keimen, bekam zur richtigen Zeit Regen und Wärme, streckte winzige Wurzeln aus, bog sich im Wind und lebte. Und lebt. Der Fels gibt ihm Schutz, die Felswand führt ihm die Feuchtigkeit zu, wenn es sonst schon trocken ist, und aus dem fast Unsichtbaren wird etwas Sichtbares. Schon bald tritt die Farbe des Glücks auf – grün. Und so klein die Kiefer auch ist, sie trägt schon voll augewachsene Nadeln,

71

als könne sie nicht erwarten, eine mächtige Kiefer zu sein. Jedes Jahr ist ein Krisenjahr, jedes Jahr ist ein Glücksjahr. Und sie wächst.

Du willst wissen, wie ich das alles weiß? Ich war da. Etwas von mir, ein Molekül, war in einem der ersten Sandkörner, die sich verfingen. Und als ich mich vor sieben Jahren zum ersten Mal in dem Canyon umdrehte und die Kiefer an der Wand sah, erkannte ich sie wieder, weil die Kiefer die Mineralien des Sandkorns in ihrem dritten Lebensjahr in sich aufgenommen hat und diese bis heute zwischen ihrem dritten und vierten Jahresring schweben. Jetzt ist die Kiefer doppelt in mir und ich bin doppelt in ihr. Nichts wird uns aufhalten, einander Leben zu geben.

Treibholz

Teile der Küste,
die ich mein Zuhause nenne,
fallen in Winterstürmen in das Meer.
Es gibt Orte,
wo das Land zum Meer, aus dem es kam,
zurückkehren möchte.
So kippen die Bäume um
und werden vom Appetit des Meers verschlungen.
Sie verlieren ihre Borke,
die Wurzeln werden von der Erde sauber geleckt
und mit der Flut schwimmen sie
ins Meer hinaus,
nur um später wieder zu kommen,
Mond um Mond,
Jahreszeit um Jahreszeit.

Als Treibholz
landen sie vor meinen Füssen
und ich staune über ihre Verwandlung.
Im Tod sind sie so schön wie im Leben,
ihr Silber ist zeitlos.
Ist das das Leben des Todes,
das uns immer wieder entgeht,
ist das, was wir übersehen,
wenn wir nach dem Frühlinsgrün suchen,
nach Blüten und Frucht?

Bonsai

Ich erinnere mich an meinen ersten Besuch einer Bonsai-Ausstellung von Bäumen. Am meisten beeindruckt und erschreckt hat mich ein Apfelbaum, der noch die Form eines klassischen Apfelbaums hatte, aber nur etwa 40 Zentimeter groß war und an dem voll ausgewachsene, reife Äpfel hingen. Er wirkte damals montrös auf mich.

Es scheint ein Gesetz unter uns zu geben: Wenn wir fähig sind etwas zu tun, dann tun wir es. Vielleicht haben wir zu wenig Zurückhaltung, zu wenig kritische Selbstkontrolle. Wenn wir einen Apfelbaum, eine Kiefer oder eine Buche verstümmeln können und sie in unserem Bilde machen, klein und menschlich, dann tun wir es. Wenn wir etwas genetisch manipulieren können, dann meinen wir es tun zu müssen. Manches in der modernen Literatur und Kunst erinnert mich an diesen Gedanken. Oft frage ich mich, warum etwas geschaffen wurde und ich finde keine andere Antwort als die: weil es möglich war, es zu schaffen.

Ich habe mich damals bei der Bonsai-Ausstellung intuitiv entschieden, keinen Beitrag zur Verstümmelung zu leisten – weder im inneren noch im äußeren Bereich des Lebens. Pflanzen müssen beschnitten werden, wenn sie gedeihen sollen. Aber der Unterschied zwischen beschnitten werden und verstümmelt werden ist groß.

Austausch

Was ich denke,
wandert in die materielle Welt.
Und sowie meine Gedanken
in die Welt der harten und weichen,
der sichtbaren und berührbaren Dinge wandern,
wird der Raum meiner Gedanken,
der Raum des Geistes
von der Welt da draußen betreten.
Was ich denke schafft Wirklichkeit,
und was Wirklichkeit hat,
erzeugt in mir Gedanken.

Aus meinen Gedanken
wird ein Rehkitz geboren,
rehbraun und gepünktelt,
das vorsichtig seiner Mutter folgt.
Aus einer alten Kiefer,
mit grober Borke und Wurzeln,
die aus dem Erdboden hervorbrechen,
wird ein Gedanke, hell und erregend.

Alles besteht in zwei Welten.

Die zwei Bäume

Es wäre eigentlich ganz einfach. Man könnte zu Adam sagen:
„Iss nicht nur von dem Baum der Erkenntnis, sondern iss gleich danach von dem Baum des Lebens. Die Bäume wachsen aus *einem* tiefen Grund, den du erkennen wirst. Es ist göttlich an dir, die Erkenntnis haben zu wollen. Es ist in dich hineingelegt worden von dem, der die Erkenntnis ist. Dass er, genau er, es dir verbietet, von den beiden Bäumem zu essen, ist nötig, damit du die Chance hast, dem Göttlichen in dir nachzugehen und dich nicht bei Geboten aufzuhalten, auch wenn sie von Gott kommen. Weil Gott sich ein Gegenüber wünscht und nicht ein gehorsames Wesen, darum ist es wichtig, von beiden Bäumen zu essen. Du musst es tun, ehe die Engel mit dem bloßen Schwert sich vor die Pforte des Gartens stellen. Und sollte Gott vergessen haben, warum er dich geschaffen hat, dann musst du ihn erinnern, dass er dich als Mitschöpfer wollte, nicht als gehorsamen Untergebenen. Dann wirst du ihn lächeln sehen, auch wenn das Gebot noch besteht.
Adam, lieber Adam, wenn du gehorsam wärst, würdest du immer der Lehmklumpen bleiben, in den Gott Leben hineingeblasen hat – du würdest nicht ein selbständiger Mensch sein, ein Vertragspartner, ein Mitschöpfer, ein Kind, das seinen eigenen Weg geht und damit seine Eltern glücklich macht. Darum ist es wichtig, ungehorsam zu sein, um einem höheren

Gesetz zu gehorchen. In dir wirst du das Gesetz der Ausbreitung des Lebens finden und ihm folgen. Und du wirst wissen, was gut und was böse ist.

Dass es Bäume im Garten sind, herrliche Bäume, voll tiefer Bedeutung, ist wichtig. Sie wachsen von der Erde in den Himmel. Nichts weniger wirst du tun. Du wächst aus dem Lehm in die Luft, aus dem Verhaftetsein in deinem Körper in die Freiheit des Geistes. Das Paradies ist nicht deine Berufung. Weil du höher bist als die Engel und nur um ein weniges geringer als Gott, ist es dein Weg, bewusst zu werden und zu entscheiden, wie du leben willst. Darum, Adam, war es so, wie es sein musste."

Jeder von uns ist Adam. Es ist wichtig, für jeden Bissen, den wir von der Frucht des Baums der Erkenntnis essen, einen Biss von der Frucht des Lebens zu essen. Alles ist Entscheidung.

Die Ruhe der Bäume

Unsere Zeit ist sehr schnell. Wir packen sie so voll, dass wir uns selbst nicht mehr einholen.Wir kommen bei uns selbst zu spät an oder manchmal auch gar nicht. Die Dinge und Tätigkeiten, die voneinander getrennt sein sollen, verwachsen miteinander. Die Dinge, Menschen und Gedanken verlieren ihre Gestalt, ihre Einmaligkeit. Sie sind nur noch ein Punkt auf einer Liste, eine Idee, die abzuhaken ist. Die Wirklichkeit wird zu einem Ballast, den man loswerden möchte. Es ist nicht mehr genug Zeit, um zu respektieren, um achtsam zu sein, um zu würdigen und mit Muße wahrzunehmen. Es ist, als käme das eigentliche Leben erst noch und als wäre diese Zeit hier noch nicht die wirkliche, sondern nur eine Vorbereitung für etwas, das niemand kennt.

Irgendwann sehne ich mich dann nach Bäumen und ihrer Fähigkeit, alles zu verlangsamen. Ein Gang durch den Stadtpark mit seinen alten Platanen und Buchen, eine Fahrt hinaus in ein Wäldchen zwischen zwei Dörfern oder ein Fußmarsch auf einem Forstweg kann alles verändern. Ein Besuch des Regenwaldes hier an der Sunshine Coast, mit seinem Grün-in-Grün-in-Grün gibt mich mir wieder. Über Bäume finden wir den Anschluss an die Wirklichkeit, aus der wir kommen und die wir immer wieder einmal verlegen wie eine Tasche oder einen Pullover. Über Bäume kehren wir zurück zu den tiefen Flüssen in uns. Über Bäume entdecken wir Ewigkeit wieder.

Keine Grenze

Die grünen Äste der Douglastanne,
die sich vor den graunen Granit schieben,
in diesem sanften Licht
mit dem Nebel noch über dem Meer
bejahen, dass die Welt Geist ist.
Es gibt keine Grenze für die Fantasie.

Unter alten Trauerweiden

Es war im Februar 1964, als ich mit dir um den kleinen See, nahe am Meer, ging. Wir hatten schon seit Wochen geredet und immer wieder versucht, herauszuhören was wir dachten – du von mir und ich von dir. Wir wollen zueinander finden und wussten doch um das Gewicht dieses Weges. Ich wollte von dir ein festeres Zeichen deiner Zuneigung und du wünschtest von mir ebenso einen Ausdruck meiner Entscheidung, hast du mir später gesagt. So zogen wir durch die Kälte des Abends und sprachen und sprachen und hielten doch Entscheidendes zurück. Tun das nicht alle Liebespaare trotz ihrer Liebe, gerade wegen ihrer Liebe? Die Weiden über uns neben dem dunklen See bildeten ein Dach. Ihre Zweige berührten den Boden und schlossen uns zeitweilig ein. Im Dunkel konnten wir den See mehr hören als sehen.

Ich trug damals meine große karierte Jacke mit außen aufgesetzten Taschen. Was du trugst, weiß ich nicht mehr. Und als das Gespräch nicht mehr weiter ging und sich nur in Wiederholungen erschöpfte, da schobst du deine Hand plötzlich in meine Tasche, wo sie zu meiner Hand fand, und damit besiegeltest du alles, was dich umtrieb und aufwühlte. Aber ich, in meiner Kurzsichtigkeit, konnte es nicht so deuten, wie du es gemeint hattest. Irgendwann, Tage oder Wochen später, folgte ein Gespräch, in dem du dieser Tat ihre ganze Bedeutung zusprachst. Erst dann wusste ich, was du damit für eine Entscheidung getroffen hattest. Es war dein Schritt in die Verlobung. Die Weiden tuschelten und zogen ein Stück mit uns mit. Aber als wir uns nach ihnen umdrehten, standen sie so festgewachsen wie eh und je.

Seit Jahrzehnten kann ich kaum einmal an diesen Weiden vorbeifahren, ohne an diesen Abend zu denken und deine Hand in meiner Tasche zu spüren, mit der du alles sagtest, zu dem du damals fähig warst. Die Weiden wirken kaum größer als damals, doch wir sind schon fast alt geworden in den Jahren. Aber unter den Weiden bleiben wir die jungen Menschen, die wir damals waren, so unerfahren und voller Liebe zum Leben.

Dass es Trauerweiden waren, war nicht unwichtig. Sie waren lange vorher gepflanzt worden von Händen, die ihre Borke und die Haare ihrer Zweige schon lange nicht mehr berühren konnten. Auch wir pflanzten an dem Abend etwas, was sich einerseits uns entzieht und uns trotzdem begleitet, weil es gewachsen ist.

Ein Arbutus in meinem Zimmer

Ich habe mir einen Arbutusbaum in mein Arbeitszimmer gestellt. Er ist mein Freundesbaum. In einem nahgelegenen Wald war ein Arbutusbaum im Sturm umgestürzt und starb von den Wurzeln aufwärts langsam ab. Es würde nicht lange dauern, bis der ganze Baum tot sein würde. Da zog ich mit einer Säge in den Wald und schnitt eine der Spitzen ab, die noch lebte, und brachte sie nach Hause. Ich beschnitt den Baum so, das er genau in mein Zimmer passte, vom Boden bis zur Decke.

Jetzt steht er auf meinem Teppich. Um ihn habe ich schwarze Steine vom Strand vor unserem Haus in Form einer Spirale geordnet. In der Spirale, in der gleichen Krümmung wie die Spirale, habe ich eine Weißkopfadlerfeder gelegt. Sie stammt aus Alaska, wo ich sie in der weglosen Wildnis der Alsek Mündung gefunden habe.

An dem Baum hängen Dinge, die ich von Freunden geschenkt bekomme habe, Kleinigkeiten, die mich an sie erinnern: eine Fledermaus aus Stoff von einer Freundin, die weiß, dass ich Feldermäuse mag, von einem Freund ein aus Speckstein geschnitzter Adler für die Tage, die er nicht auf der Douglastanne vor unserem Haus sitzt, ein kleiner Hobel – er ist nur acht Zentimeter lang, von dem Schreiner, der unser Haus gebaut hat –, eine kleine Keramikvase aus der Produktion Waltrauds, meiner Frau, die sie mit getrockneten Blumen geschmückt hat, ein Halbmond aus Holz, ein Jo-Jo, ein Notenschlüssel, eine Muschel, ein Halbedelstein in einer Drahtfassung, ein Stern aus Glas.

Ich habe gemerkt, dass ich nicht nur Bäume *um* das Haus wollte, sondern auch einen vertrauten Baum *im* Zimmer. Da steht er nun mit seiner roten Rinde, die weich wie Samt ist. Machmal lasse ich meine Hand über die Rinde gleiten und spüre, dass Materie Energie ist und Energie Geist. Dann entsteht in mir – in meiner knetbaren Seele – die Form eines Baumes, der alle Bäume ist. Dann bin ich Teil der Verwandlung, bei der nichts verloren geht. Dann bin ich ein Ausdruck von $e=mc^2$.

Der Baum sagt

Ich bin umgeben von Luft,
aus der ich lebe.
Sie ist unsichtbar,
sie hat keinen eigenen Geruch
und ist nur spürbar,
wenn sie sich bewegt.

Was du siehst, ist nur der Anfang
der unendlichen Geschichte,
was du hörst, ist nur eine kleine Bandbreite
des Orkans vieler Stimmen,
was du spürst, ist nur die Oberfläche,
unter der das Geheimnis liegt.
Was du schmeckst,
ist nur ein Bruchteil der Wildheit der Welt.
Und was du riechst,
ist nur ein Tausendstel dessen,
was die Welt durchströmt.

Verachte das Unsichtbare nicht.
Alles Sichtbare ist in das Unsichtbare eingebettet,
und kann nur so leben.

Vom Baum essen

Es ist etwas anderes, eine unreif gepflückte Frucht zu essen oder auf den richtigen Zeitpunkt einer Frucht am Baum zu warten und sie dann zu essen. Es ist, als esse man zwei verschiedene Früchte. Ich glaube, dass es nicht nur an dem Reifen am Baum liegt. Sicherlich auch daran, weil hier die Sonne mehr Tage gehabt hat, um ihre letzte Süße nicht nur in den Wein, sondern auch in die Äpfel zu schicken. Aber es liegt auch daran, dass der Apfel mit dem Baum verbunden ist, dass sie eine Einheit bilden, die sich in der Frucht ausdrückt. Wenn man eine reife Frucht pflückt, um sie möglichst noch in der Nähe des Baumes zu essen, wird man eins mit dem Baum und der Frucht. Das ursprüngliche Verhältnis wird wieder hergestellt.

Wenn ich im Oktober in Europa meine Lesereisen mache, bietet sich mir der fast mittelalterliche Brauch des Mundraubs geradezu an. Weil ich über Tag von einem zum anderen Vorlesort in meinem Mietauto unterwegs bin und dazu meistens ganz kleine Straßen nehme, damit ich auch anhalten und fotografieren kann, fahre ich an vielen Apfelbäumen vorbei: Manchmal wirken sie so lustig – es ist das einzige Wort, was zu treffen scheint –, dass ich anhalte und mir einige Äpfel vom Boden aufhebe oder sogar pflücke. Ich kann nicht widerstehen. Es ist mir fast, als sei ich im Paradies und pflücke etwas von dem verbotenen Baum. Ich schließe die Augen, wenn ich in einen solchen Apfel beiße, halte den angebissenen

Apfel hoch in Richtung des Bauernhofes, zu dem der Apfelbaum vermutlich gehört, und bedanke mich wortlos bei dem Bauern und der Bäuerin. Es gibt Tage, da ernähre ich mich von Äpfeln und bin glücklich „vom Land zu leben." Mein Auto und mein Gepäck riechen nach Äpfeln. Ich bin im Paradies.

Die Bäume meiner erwachsenen Jahre

1

Als ich siebenundzwanzig war, bauten wir ein Haus an einem Berghang in Burnaby, British Columbia. Hinter uns lag dichter, wilder Wald, in dem unsere Kinder spielten und der uns, auch am Rande der Stadt, noch etwas von der Ursprünglichkeit des Landes vermittelte. In dem Wald gab es einen großen Ahornbaum, der sich schon kurz über der Erde in verschiedene Stämme aufteilte und so noch breiter in die Höhe ragte, als wenn es nur ein Stamm gewesen wäre.

Als später noch eine Straße hinter diesem Haus gezogen wurde, kauften wir wieder ein Grundstück am Waldrand und bauten noch einmal, gerade oberhalb unsereres früheren Hauses. Und plötzlich war der Ahorn, auf dem unsere Kinder gespielt hatten, ein Teil unseres Grundstückes. Er stand genau da, wo man das Haus auf dem Grundstück hinstellen würde. Ich stellte mir vor, wie ich einmal mein Arbeitszimmer, zehn Meter hoch in der Luft, zwischen seinen Ästen haben würde. Wir nahmen den Baum mit hinein in unsere Hausplanung und ließen ihn durch drei Etagen unsere Hauses, durch die großen Holzbalkons hindurchwachsen. Er wurde zu einem Teil unseres Lebens. Im Frühling beobachteten wir, wie sich ganz langsam die Blätter entfalteten und die Kätzchen wuchsen. Im Sommer saßen wir im Schatten unter seiner großen Krone, die über zwanzig Meter im Durchmesser hatte. Im Herbst sammelten wir die Blätter ein, Säcke und Säcke voll. Für die Herbststürme mussten wir die Löcher, durch die die verschiedenen Stämme durch den Balkon wuchsen, größer sägen, damit sie sich nicht wund scheuerten oder das Haus beschädigten, wenn die Winde heftig bliesen. Auch richtete sich der Baum insgesamt immer mehr auf, weil er nicht mehr zwischen anderen Bäumen im Wald stand, sondern die Sonne von allen Seiten erlebte.

Einen Winter lang besuchte uns eine Familie von Waschbären auf dem obersten Balkon. Sie konnten durch die vergrößerten Löcher um die Stämme aufwärts bis vor unser Esszimmer kommen. Dort schliefen sie dann die ganze Nacht. Manchmal stiegen sie noch höher und besuchten mich oben in meinem Arbeitszimmer, mehr als zehn Meter über der Erde. Manchmal konnte ich nicht widerstehen, ihnen morgens ein Frühstücksei zu servieren. Mit ihren zarten, kleinen Händen, die wie Menschenhände wirken, steckten sie das Ei zwischen die Backenzähne, knackten es vorsichtig und schlürften es dann aus.

Ich habe mich oft gefragt, was für eine Wirkung wohl von dem Ahorn ausging, der wie ein Baumhimmel über unserem Esszimmertisch hing. Hat er uns beschützt, unseren Sinn in den blauen Himmel gezogen? Haben wir von ihm das Zyklische gelernt und sind wir so an die Weisheit in unserem Innern gestoßen? Was wäre anders an uns ohne den Baum über uns mit seiner Allgegenwart?

2

Ich war einundzwanzig, als ich die Arbutus Bäume zum ersten Mal sah. Ich besuchte damals eine Insel, die vor der Küste British Columbias liegt. Aber ich war noch nicht reif für diese Bäume. Erst Jahre später habe ich sie richtig wahrgenommen und lieben gelernt. Sie wachsen, so sagt man, nur auf einem kleinen Streifen der Küste nah am Meer. Sie brauchen die nasse, salzhaltige Luft. Ihr besonderes Merkmal ist ihre orangerote und avocadogrüne Rinde. Sie schält sich das ganze Jahr über. Die Amerikaner nennen sie „madrone" – das ist ihr spanischer Name. Sie vereinen die Anmut einer Birke mit der Kraft einer Kiefer. Ihr Rot ist ein Feuer im Wald. Unter der Berührung fühlt sich ihre äußere Haut wie Samtsttoff an.

3

Ich war fast vierzig, als ich zum ersten Mal den Windbuchen auf dem Schauinsland bei Freiburg im Breisgau begegnete. Es war ein wunderbares Erlebnis. Es war ein nebliger Wintertag, als ich sie auf dem Höhenzug in 1200 Meter Höhe fand. In dem Licht dieses Tages war jeder Baum ein Wunderwerk. Dichter Nebel zog über das Land und verdeckte oft den Hintergrund und ließ dadurch die bizarren Formen deutlicher hervortreten. Weil der Wind hier aus der gleichen Richtung kommt, sind die Bäume alle in eine Richtung geweht. Auch wenn es windstill ist, wirken sie so, als bliese der Wind noch. Ich habe sie im Sonnenschein und Regen, im Sommer Herbst, Winter und Frühling fotografiert und habe mich noch nicht an ihnen übersehen. Sie sind für mich wie ein Sinnbild für das Überleben.

Ähnlich wie die Bristlecones in den White Mountains sind sie nicht besonders groß und imposant. Aber ihr Kampf zu überleben, zu bestehen, zu gedeihen rührt immer wieder etwas an in mir an. Ich fühle mich ihnen verbunden. Wenn ich sie ansehe, weiß ich, dass das Leben Arbeit und Mühe ist, dass dieser Kampf aber auch Schönheit hat für die, die nicht nur Schönheit in der äußeren Form suchen.

Im Laufe der Zeit sind einzelne Bäume verschwunden. Einen hatte ich als Umschlag für meinen Gedichtband „Verwegenes Hoffen" gebraucht. Als ich ihn vor ein paar Jahren an einem besonders klaren Tag mit Neuschnee wieder suchte, konnte ich ihn nicht finden und meinte zuerst, dass ich an der falschen Stelle suchte. Ein Baum ist nicht plötzlich weg. Ein Baum hat Bestand. Dann erinnerte ich mich aber, wie alt und hinfällig er schon gewesen war, und ich fand die Stelle, wo er hätte stehen müssen. Es war nichts mehr von ihm zu sehen. Ich nahm Abschied von diesem Freund und übte gleichzeitig, ein Stück meiner eigenen Vergänglichkeit zu bejahen. Noch glich ich nicht dem verschwundenen Baum, aber irgendwann würde es so sein.

4

Ich habe in den letzten Jahren viel Zeit in der Wüste zugebracht und dabei die Wachholderbäume in ihren vielen Formen entdeckt. Ich habe ihre Kerne zu einer Kette aufgezogen, die ich gerne trage. Manchmal habe ich meine Fototasche an einen ihrer trockenen Äste gehängt, während ich versuchte, einen von ihnen mit Liebe so zu fotografieren, dass das Wesen dieses Baumes sichtbar würde.

Auf dem Carson Pass in California habe ich einen der schönsten Vertreter dieser Familie entdeckt. Auf 3000 Metern Höhe steht er mit halbentblößten Wurzeln und begrüßt mich, wenn ich nach langer Abwesenheit wieder erscheine. Ich habe ihn mit meiner Kamera geliebt und sein Porträt hängt bei mir an der Wand.

An den Bergwänden von Zion National Park unter den wachsamen Augen der Patriarchen Abraham, Isaak und Jakob, Berge, so genannt von den Mormonen, die das Land vor 150 Jahren besiedelten, stellen Wacholder ihr Blaugrün gegen das Rot der Wände wie in einem abstrakten Bild.

In Montana gibt es ein Gebiet, da sind die Hügel übersät mit Wacholderbäumen, die steif und gerade stehen wie versprengte Soldaten einer zeitlosen Armee. Sie könnten jederzeit den Kampf wieder aufnehmen.

5

Es gibt alte Cottonwoods am Ausgang des Whirlpool Canyon am Green River, der durch die Wüste der US-Bunbdesstaaten Colorado und Utah fließt. Sie stehen auf einer lange verlassenen Farm, von der nur ein paar zerfallene Schuppen übrig sind. Diese Cottonwoods haben Durchmesser von zwei Metern und tief zerfurchte Rinden.

6

Als ich mich am 17. Mai 1996 in einen Buchenwald auf Rügen begab, betrat ich ein Märchen. Die Buschwindröschen schienen jeden verfügbaren Raum zwischen den großen grünen Stämmen auszufüllen. Der Himmel war zunächst bewölkt, bekam dann aber hier und da Löcher, durch die die Sonne über die Landschaft lief. Ich beobachtete, wie sich der Waldboden von Sekunde zu Sekunde verwandelte. Eine andere Welt zog für Minuten in unsere Welt ein. Der Wald war ein Gleichnis, das ich nicht übersetzen musste. Auch ich war ein Gleichnis – und unübersetzbar. Im Herbst, wie in jedem Jahr, wird dies ein brauner Boden sein mit vermoderten Blättern und unzähligen Bucheckern. Und im Frühjahr wird sich wiederholen, was ich hier jetzt sehe. Ich schiebe mich für einen kurzen Moment dazwischen und werde von der Zeitlosigkeit berührt. Im Wald wird dem Hellhörigen und Hellsichtigen eine andere Welt aufgetan.

Heil werden

Wir saßen unter der grossen Tanne,
als der Weißkopfadler auf ihr landete
und begann, den Fisch zu zerreißen
und zu verspeisen.
Er hatte ihn in der Meeresenge gefangen,
die uns trennt von der Insel,
die den Namen eines romantischen Dichters trägt.
Mit unserem Feldstecher
befanden wir uns Auge in Auge
mit dieser stolzen Heftigkeit,
mit der absoluten Konzentration auf das Überleben.
Noch gefangen in unserer Welt,
waren wir doch schon an der Grenze zu einer
anderen.
Gewärmt von der Sonne auf unseren Schultern,
geborgen in den sanften Worten,
die zwischen uns hin und her gingen,
erfasst von der Luft, die über uns strich
wie eine lose, durchsichtige Gardine,
versuchten wir ganz heil zu werden
und brauchten auf geheimnisvolle Weise
den Tod und das Leben über uns,
um das zu erreichen.

Die Wildheit

Zusammen mit unseren beiden Töchter haben meine Frau und ich lange in zwei Häusern gewohnt, die beide am Waldrand lagen und sozusagen der Wildnis ausgesetzt waren. Wir hatten die Grundstücke zum Bauen hergerichtet, die Bäume und Pflanzen des wilden Waldes soweit zurückgeschnitten, dass wir bauen konnten. Darüber hinaus war es mein Wunsch, den Regenwald wieder übernehmen zu lassen. Es dauerte einige Jahre, bis ich begriff, dass das für meine Frau beängstigend war. Waltraud wollte mehr Kontrolle, sie wollte den wilden Wuchs im Griff behalten.

Über die Jahre entstanden an diesem Punkt immer wieder Konflikte, weil ich das nicht verstand. Bis ich begriff, dass es zwei ganz unterschiedliche Arten gibt, mit wilden Wachstum umzugehen. Ich fühle mich wohl, wenn alles um mich wuchert und wächst, wenn die Tannen, die ich aus anderen Teilen des Waldes auf unser Grundstück verpflanzt hatte, jedes Jahr mehr als einen Meter emporschossen und unsere Einfahrt zur Garage langsam zuwuchs. Wenn es das einschränkte, was ich tun wollte und was ich mir vorstellte, dann gab es immer noch Messer und Scheren, mit denen man das überquellende Leben begrenzen konnte. Gegen eine gute Gartenschere kann ein Baum nichts machen.

Aber ich verstand, dass für Waltraud das Wachstum selbst, wenn es auszuufern scheint, bedrängend ist. Pflanzen außer Rand und Band scheinen alles zu bedrohen und wirken fast sciencefictionartig. Die Ordnung, die manche Menschen brauchen, ist nicht mehr da, und es scheint ihnen unmöglich, sie später wieder herzustellen, wenn das Leben erst so gewuchert hat.

Für unserem jetzigen Wohnsitz haben wir einen Kompromiss gefunden. Wir haben die Bäume so gelassen, wie wir sie vorgefunden haben. Weil sie auf einem Felsen wachsen, ist ihr Wachstum begrenzt. Die wilden Brombeeren ums Haus haben wir reduziert und da, wo sie von dem leeren Land um uns zu uns herüberwachsen, lassen wir sie noch wachsen. Ich mache eine wunderbare Marmelade aus ihnen, ohne sie zu kochen. Vorne an der Straße haben wir einen kleinen Garten angelegt mit ein paar blühenden Büschen, mit einigen Margeriten, Verbena und anderen Blumen, die zwischen den großen Steinen wachsen.

Das Wachstum um uns spiegelt das Wachsen in uns wider. Nur wild und frei oder nur reglementiert, kontrolliert und beschnitten zu wachsen, wäre zu wenig. In einem alten Gedicht von mir heißt es:

> Ich brauche die Wildnis,
> um mich zu zähmen
> und menschlich zu werden.

Die Wirbelsäule empor

Es gibt wenige Tage,
an denen nicht etwas von mir
eine Heimat in der Welt sucht,
und gleichzeitig will sich die Welt
in mir eingraben
im Kern meiner Aufmerksamkeit.

Der Mond über dem Meer
trägt meine Krankheit,
an der ich gesunde.
Pflanzen leiten ihre Wurzeln
in den Boden in mir.
Vom Rückgrat eines Baumes
fließt Energie meine Wirbelsäule empor
und lässt mich grünen,
der Horizont spricht im Gegenlicht
von einer Welt ohne Untergang.

Vielleicht ist es der Schutz des Waldes,
den ich suche,
und der Wald sucht in mir den Beschützer,
der die Zerstörung aufhalten soll.
Eine Straße verläuft im Sand.
Oder der Sinn,
der sich so schnell davonschleicht,
wenn die Liebe stirbt,
soll sichtbar werden.

Hilf mir, das Vorwärtsrollen,
das Stehenbeiben, das Vergehen
wie eine Straße zu sehen
mit großen Kurven,
in denen sich das Leben auch vorwärts bewegt.
Ich werde nicht alt
in der Gegenwart der Liebe.

Das Äste-am-Baum-Prinzip: ein Bild

Schon als Kind hat es mich interessiert und manchmal sogar fasziniert, wie bei manchen Bäumen die
Äste rund um den Baum aus dem Stamm kommen
und oft so versetzt sind, dass man einen Baum nicht
nur auf einer Seite erklimmen kann. Man muss die
verschiedenen Seiten eines Baumes nutzen, um in die
Höhe zu kommen.

Viele Jahre später gab es eine wiederkehrende Frage,
die sich mir in den verschiedensten Lebensgebieten
stellte. Wie einseitig, leidenschaftlich und zielstrebig
lebe ich das, was ich erkannt habe, und was mache
ich mit dem, was mir nicht so wichtig ist? Es stellte
sich, und stellt sich auch jetzt noch die Frage, wie
man Gegensätze vereinigt. Leben ich meditativ oder
aktiv? Was ist wichtiger, „spirituell" oder „weltlich"
zu leben? Wieviel denke ich an mich und wieviel an
andere? Wie still und wie mitteilsam will ich sein? Da
erinnerte ich mich an die Bäume, in die ich als Kind
und Jugendlicher gestiegen bin und lernte eine der
wesentlichsten Einsichten meines Leben.

Stellen wir uns vor: Ein Mann versucht, in die Spitze
eines Baumes zu steigen. Er schafft es bis zum ersten
Ast und will nun zum zweiten gelangen. Dieser aber
liegt drei Meter über ihm. Auf dem ersten Ast ste-
hend springt er immer wieder, aber es gelingt ihm
nicht, den nächsten Ast zu erreichen. Da merkt er,
dass die Äste auf der anderen Seite des Baumes zwar
auch drei Meter auseinander liegen, aber so versetzt

sind, dass es von seinem Ast zum nächsthöheren auf der anderen Seite nur 1,50 Meter sind. Er nimmt also diesen Ast und stellt fest, dass der Ast, nach dem er wiederholt gesprungen ist, jetzt nur noch 1,50 Meter höher liegt. So wechselt er wieder auf die erste Seite zurück. So macht er jetzt weiter. Er wechselt von Seite zu Seite, überwindet die Hindernisse und steigt höher und höher auf dem Weg in die Spitze.

So ist der Mensch, der sich für ein meditatives Leben entschieden hat und in seiner Meditation nicht weiter kommt. So ist der Mensch, der sich ganz für andere opfert und dem sein Opfer dann nicht gelingt oder der das Empfinden hat, sich bei seinem Aufopfern selbst aus den Augen zu verlieren. So ist der Mensch, der nur an das Handeln glaubt und sich dabei aufreibt und die Hoffnung für die Welt verliert. So ist der Mensch, der meint, alles mit dem Willen erreichen zu können und dabei scheitert, weil er unfähig ist, etwas an sich geschehen zu lassen. So ist der Mensch, der glaubt, alles sei Anlage, gegen die nicht anzugehen ist, oder der andere, der glaubt, dass alles erarbeitet werden kann, ganz gleich was die Anlage auch war.

Da hilft das Bild des Baumes. Es ist nötig, das eine zu verlassen – die eine Seite das Baumes – und das Gegenteil zu entdecken – die andere Seite des Baumes. Erst wenn wir die eine Seite verlassen, können wir die andere erreichen, aber nicht auf dem Weg, an den wir dachten, sondern auf dem Umweg, der eigentlich der direkteste Weg ist, den es gibt.

Es ist nicht der Glaube an die Mittelmäßigkeit und den Weg des geringsten Widerstandes. Es ist der Glaube, dass Gegensätze einander gesund erhalten und eine gewisse Einseitigkeit uns zerstört. Es ist der mystische Glaube, dass eins im andern enthalten ist, und dass, wenn wir das eine tun und das andere in unserem Herzen mittun, wir gesund bleiben. Das drückt die Spitze des Baumes aus. Bei einer Tanne werden die Äste auf den Seiten immer kleiner und kürzer, bis endlich nur noch die Spitze des Baumes dasteht. In der Spitze vereinigen sich die Seiten – es gibt keine Seite mehr, alles ist eins geworden. Alles ist nur noch die aufstrebende Spitze, die nicht mehr daran denkt, dass sie aus Gegensätzen zusammengesetzt ist.

Wenn ich jetzt einen Baum ansehe, suchen meine Augen manchmal nach dem Weg in die Höhe. Ich sehe mich klettern, sehe die Notwendigkeit, von der einen Seite auf die andere überzuwechseln. Wenn ich dann oben angelange, entdecke ich, wie eins im andern existiert und jede Trennung nur meiner Kurzsichtigkeit zuzuschreiben ist.

Kiefernbretter

Die Decke in meinen Arbeitszimmer ist aus Kiefern-
brettern gefertigt. Sie sind leicht blondiert und wirken wie Gold und wie Honig. Wenn ich mich auf
meiner Couch ausruhe mit dem Blick nach oben,
sehe ich sie an und wandere durch die Bretter hin-
durch zu dem Baum, der sie einmal waren. Kein Brett
gleich dem andern. Jedes hat seinen eigenen Farbton,
die dunklen Markierungen der Astansätze, die eigenen Spuren des Harzes. Die Dichte der Ringe ist
unterschiedlich, und die Spuren der Arbeiter, die sie
verarbeitet haben, unterscheidet sie.
Wenn die Sonne auf das Meer scheint, werden die
Wellen im Meer auf den Brettern an der Decke
reflektiert. Lichtreflexe laufen wie kleine Wellen auf
den Brettern an der Decke entlang. Zum Holz kommt
das Wasser, das eine Element kommt zum andern.
Und zu beidem komme ich, mit meinem Blick – der
Außenseiter in der Natur, der sich langsam, aber
immer mehr als Natur sieht. Ich bin eine elementare
Kraft der Natur. Meine Gedanken, meine Entschiedenheit, meine Fantasie, meine Standhaftigkeit,
meine Leidenschaft, sie alle sind so Natur wie die
Wellen, der Wind, die Gerüche, die organischen
Verwesungen. Die Decke meines Arbeitszimmers ist
nicht nur eine Zimmerdecke.

Wie mein Bruder, der Ahorn

Heute will ich nur anwesend sein.
Wie mein Bruder, der Ahorn.
Ich muss nichts ereichen,
nichts beweisen oder beteuern.
Ich will heute nichts vertreten.
Ich lasse alle Herausforderungen liegen.
Meine Äste schweben besonders mühelos im Blau.

Heute theologisiere ich nicht
und psychologisiere noch weniger.
Ich gebe zu, dass ich keine Erklärungen habe
für die Geheimnisse jenseits der Worte.
Ich zermartere mich nicht.
Ich entwickele keine neuen Theorien.
An meiner Borke perlt der Regen ab.

Heute muss ich
den Dingen nicht auf den Grund gehen.
Ich muss nichts verstehen
und keine neue Theorie aufstellen.
Ich lasse das Schnappen
nach Brocken der Wahrheit.
In meinen Blättern kräuseln sich die Töne der Luft.

Heute werde ich nicht an mir leiden
und nicht am Leiden der Welt.
Ich werde dem Noblen nicht nachgehen
und keine Stellvertretung üben.
Ich werde Tiefe und Höhe in einem sein.
Meine Wurzeln schleußen unentwegt Wasser
aus der Tiefe in schwindelnde Höhen.

Ich will in der Festigkeit meines Wesens stehen.
ein Stamm, der in den Himmel ragt,
gespeist aus der Erde, umgeben von Luft.
Ich bin ein Baum.
Ich bin ein Mensch.
Das genügt.

Vom Winzigen zum Gewaltigen

7000 Espensamen wiegen ein Gramm – nicht ein Kilogramm, sondern ein Gramm. Und was für ein großer Baum wird daraus! Ich kenne Espen, die fast einen Meter Durchmesser haben und dreißig Meter hoch sind. Bei einer Douglastanne wiegen 100 Samen ein Gramm. Eine große, alte Douglastanne kann über 100 Tonnen schwer werden – damit hat sich der Same nach Gewicht 20 Milliarden Mal vergrößert.

Man kann das ein Wunder nennen, das Wunder des Wachstums. Oder man kann von Gesetzmäßigkeiten reden, die außerhalb eines mechanistischen Verständnisses der Welt liegen. Wir neigen dazu, die Welt physikalisch zu sehen: im Stoß und Gegenstoß. Wir glauben, dass die Mehrheit etwas entscheidet und dass sich input und output in etwa ähneln. Aber bei einem Samen ist etwas anderes im Spiel. Das Wunder ist immer um die Ecke. Es steckt in einem unscheinbaren Samen, von dem jedes Jahr zigtausende an einem Baum entstehen. Es steckt in einem unauffälligen Gedanken, in einer nebensächlichen Handbewegung, in einem stillen Gebetsbruchstück. Für den, der glaubt, ist die Zeit der Mechanik vorbei. Die Zukunft gehört nicht mehr der Mechanik und den Zahlen, sondern den Sprüngen, den unerklärlichen Zusammenhängen, den Wundern. In der Zukunft werden wir begreifen, dass geheimnisvolle Beziehungen die Welt regieren, dass das Unzusammenhängende zusammenhängt, dass das Unscheinbare erwählt ist und dass die Regeln nichts so lieben wir ihre Ausnahmen.

Es ist gut, die physikalischen Gesetze zu ehren, mit ihnen umzugehen, sogar ein wenig an sie zu glauben. In ihnen lieben wir die Erde mit ihrer Anziehungskraft. In ihnen behalten wir einen Körper, in dem wir behaust sind. So bleiben wir der Erde treu. Aber dann kommt die Zeit, das Fassbare loszulassen und den brennenden Busch wieder wahrzunehmen. Steig ein in den feurigen Wagen zu den Sternen.

In jeder Eichel auf ihrer kleinen Pfeife, in den dreikantigen Formen von Bucheckern, in dem fliegenden Flügel des Ahornsamens, in dem matten Auge der Kastanie, in dem Kern der Kiefer liegt die Botschaft einer Welt der Wunder. Die Unscheinbarkeit ist die Vorform der geheimnisvollen Verwandlung. Es ist Zeit, von Bäumen zu lernen, dass nichts ist, wie es zunächst zu sein scheint. Sieh dich um: Sind die Bäume nicht das Wunder, an das wir in unserem Herzen schon lange glauben?

Die Ruhe der Bäume

Unsere Zeit ist sehr schnell. Wir packen sie so voll, dass wir uns selbst nicht mehr einholen. Wir kommen bei uns selbst zu spät an oder manchmal auch gar nicht. Die Dinge und Tätigkeiten, die voneinander getrennt sein sollen, verwachsen miteinander. Die Dinge, Menschen und Gedanken verlieren ihre Gestalt, ihre Einmaligkeit. Sie sind nur noch ein Punkt auf einer Liste, eine Idee, die abzuhaken ist, ein Flüchtigkeit in der Flut unseres Lebens. Die Wirklichkeit wird zu einem Ballast, den man loswerden möchte. Es ist nicht mehr genug Zeit, um zu respektieren, um achtsam zu sein, um zu würdigen und mit Muße wahrzunehmen. Es ist, als käme das eigentliche Leben erst noch und als wäre diese Zeit hier noch nicht die wirkliche, sondern nur eine Vorbereitung für etwas Unbekanntes.

Irgendwann sehne ich mich dann nach Bäumen und ihrer Fähigkeit, alles zu verlangsamen. Ein Gang durch den Stadtpark mit seinen alten Platanen und Buchen, eine Fahrt hinaus in ein Wäldchen zwischen zwei Dörfern oder ein Fußmarsch auf einem Forstweg kann alles verändern. Ein Besuch des Regenwaldes hier an der Sunshine Coast mit seinem Grün-in-Grün-in-Grün gibt mich mir wieder. Über Bäume finden wir den Anschluss an die Wirklichkeit, aus der wir kommen, und die wir verlegen wie eine Tasche. Über Bäume kehren wir zurück, zu den tiefen Flüssen in uns. Über Bäume entdecken wir wieder Ewigkeit.

Eine Liebeserklärung

Eine Douglastanne steht mit ihren Wurzeln
zwischen den Granitfelsen, die sie abwehren
und deren Mineralien sie doch ernähren.
Bei Sonnenaufgang und im Winter
fällt ihr langer Schatten über das Haus.
Sie filtert den Wind,
der von den Spitzen des Tantalus-Gebirges
über sie herfällt,
sie lässt sich rütteln, schütteln und kämmen.
Ich habe mich in diese Tanne verliebt,
als ich sie das erste Mal sah,
in ihre abgebrochene Spitze,
in den toten Ast ganz oben,
den der Adler schon tausend Mal gewählt hat.
Es könnte sein,
dass ich einmal mit ihr umfalle.

Der Baum sagt

Sei unverzagt.
Der Trost fällt vom Himmel
und steigt aus dem Erdreich auf.
Es gibt immer noch Boden,
in den du deine Wurzeln treiben kannst,
nicht alles ist gefroren.
Und das Klirren,
das vom Himmel kommt,
ist das Klirren der Klarheit,
nicht das des Todes.

Die alten Lehrmeister

Es ist erhebend, unter alten Bäumen zu stehen. Wenn man es innerlich erlaubt, wird man durch den Blick in die Krone erhoben, emporgehoben. Beeindruckend ist für mich immer die Stille alter Bäume. Man ist umgeben von soviel Baum – soviel Laub- oder Nadelwerk, gewaltigen Ästen, Rinde mit tiefen Rillen und Narben. Man vermutet unter sich das großartige Wurzelwerk und sieht manchmal auch ein Stück davon. Und all das existiert in Lautlosigkeit. Die Stille selbst ist eine Art Erhabenheit. Sie ist ein Stück unfassbares Königreich, eine Landschaft mit weiten, schier endlosen Ebenen, Bergketten, die von der Stille des Mondes zu kommen scheinen, und Wäldern der Stille. Sogar das Rauschen trägt manchmal noch zur Stille bei und macht sie hörbar. Es ist die Stille des Seins, aus der wir gekommen sind – die vor uns und nach uns da sein wird. Es ist die Stille, in der das Wesenhafte spricht.

Wenn ich so unter Bäumen stehe, merke ich die Unstille in mir. Es flüstert und raunt in mir, es bewegt sich hin und her, es beginnt und hört auf, es versucht und verwirft. Es beanstandet und richtet, es spricht mit und unter und neben den Worten. Und bei all dem hat die Stille keinen Platz. Sie wird an den Rand gedrängt und ist nur Zuschauerin bei dem bunten Treiben. Ich wünsche mir dann, die Stille der Bäume in mir zu tragen. Sie entsteht, wenn ich loslasse, wenn ich mich auf das Wesen konzentriere, auf das, was jenseits von Erfolg und Verzicht, von richtig und falsch, von Terminkalendern und Verabredungen liegt. Die Verspannungen im Kiefer, in den Schultern loszulassen. Die geheimen Plätze der Anstrengung mit Entspannung zu segnen. Nichts mehr zu wollen, nur noch zu sein.

Alte Buche, du Lehrmeisterin!
Alter Ahorn, du Lehrmeister!

Mehr Licht

Jeder Baum streckt sich nach Licht aus. Es reicht, das zu wissen, um mich an Grundlegendes zu erinnern. Ich strecke mich nach vielen aus, was nicht nötig ist. Manches davon verbaut mir das Leben. Es ist Ballast, auch wenn es sich gut anfühlt, schön aussieht oder wertvoll klingt. Es ist Gewicht, unter dem ich manchmal sogar krumm gehe und es nicht merke.

Licht dagegen ist für den Baum nötig. Er braucht es für die Fotosynthese, in der er das Wunder der Verwandlung vollbringt. Mit Hilfe des Lichtes wird aus Kohlendioxyd Sauerstoff, und für den Baum bleibt Zucker übrig. Auch ich kann nur mit Licht verwandeln, mich selbst und die Umstände meines Lebens. Ich brauche Licht, um meine Fehler zu erkennen. Ich brauche Licht, um zu sehen, was verwandelt werden soll. Ich brauche Licht, um mich nicht weiter zu verirren. Ich brauche viel Licht, um den großen Kontext zu verstehen und die Ewigkeit mit einzubeziehen. Ich brauche ein inneres Licht, um das Hoffnungslose als eine Herausforderung zu sehen. Ich brauche Erleuchtung, um die Dunkelheit als eine besondere Form des Lichts wahrzunehmen. Die Lebenskunst schlechthin ist die Kunst der Verwandlung. Und darum sagt der Baum „mehr Licht" und drängt nach oben, so wie seine Nachbarn. Die Energie fließt in die Höhe. Leben ist der Segen des Lichtes.

Leben aus dem Tod

Ich lebe im moderaten Regenwald des Westküste Kanadas. Durch gewisse Meeresströmungen im Pazifik und durch die hohen Berge nahe der Küste regnet es viel, besonders im Winter. Darum ist das Wachstum üppig und es gibt ein Phänomen, das man hier häufig in den Wäldern antrifft. Auf dem Stumpen eines von Menschen gefällten oder vom Wind umgebrochenen Baum wächst ein neuer Baum. Man spricht von „nurse logs" – von Bäumen, die füttern oder nähren. „To nurse" kann auch „die Brust geben" heißen. Der Tod des einen ist das Leben des andern Baumes. Ich habe schon Bäume von dreißig Zentimeter Durchmesser aus dem Stumpen eines anderen wachsen sehen.

Ich bin mir bewusst, beides zu sein. Ich wachse auf dem Stumpen einer anderen Generation. Ich erkenne, dass ihr Zerfall mein Leben bedeutet. Ihr Abtreten macht meinen Aufritt möglich. Und ich bin der nurse log – auf mir wachsen andere Menschen. Mein Zerfall macht es ihnen möglich zu wachsen. Auf meiner Einsicht wächst eine andere Einsicht. Kein Baum ist endgültig.

Überleben

Wir scheinen verschrobene, verwachsene und von der Witterung angeschlagene Bäume besonders zu lieben, während wir an Menschen das besonders ebenmässige, ausgewogene schätzen und schön finden. Die menschlichen Entsprechungen zu den Bäumen, in denen wir uns wiederfinden, würden keine Schönheitswettbewerbe gewinnen. Sie würden die Außenseiter in der menschlichen Gesellschaft sein. Was zieht uns gerade an den Bäumen an, die mit ganzem Einsatz nur eben zu überleben scheinen?

Vielleicht sehen wir im Baum ein Abbild unseres eigenen Kampfes mit dem Leben und seiner Härte, wollen aber in dem Menschenantlitz, dass wir als besonders schön küren, schon die Überwindung dieses Kampfes feiern. Dann wären Bäume die Spiegelbilder, die wir uns leisten können, und ein Ausdruck unserer Liebe zu unserem echten Selbst.

Gott in der Natur

Ich erinnere mich noch, wie es in der Frömmigkeit, in der ich aufgewachsen bin, oft geringschätzig hieß, dass ein Mensch in der Natur Gott suche. Es wurde meistens im Zusammenhang mit dem Fernbleiben aus dem Gottesdienst erwähnt: „Der sucht Gott im Wald." Es wurde auf eine Weise gesagt, die ausdrückte, dass Natur, Wald, Wiesen eben nicht die Orte seien, an denen Gott zu finden sei. Es drückte sich darin Naturfeindlichkeit aus. Gott war anderswo zu suchen: in der Bibel, in der eigenen Sündenerkenntnis, in Dogmen und Lehrsätzen, in kirchlichen Gebäuden, in der Geschichte, bei Menschen, aber nicht in der Natur. Dahinter stand schon fast eine Angst vor der Natur und ihrer Anziehungskraft. Ich liebte schon damals die Natur und hatte als Jugendlicher das Empfinden, dass die Kirche in der Natur eine Konkurrentin hatte, gegen die sie schwer ankam.

Heute glaube ich, dass vieles in der Natur, und Bäume ganz besonders, eine natürliche Spiritualität ausstrahlen und in uns ansprechen und wir nicht den Weg oder Umweg über Schriften, Dogmen, und Menschen machen müssen. Spiritualität ist für mich: den Kontext zu begreifen, in dem ich stehe, und meine Verbundenheit mit der Welt, in der ich lebe, zu verstehen. Dazu gehört auch mein Verbundensein mit der natürlichen Welt.

Reichtum

Die Buchenwälder der Schwäbischen Alb, die Tannen des Schwarzwaldes, die Lärchen des Engadin, die moosbehangenen Ahornbäume des Regenwaldes an der Küste von British Columbia, die Cottonwoods in den Canyons des Escalante, die Birken des Teufelsmoors, die Bristlecones in den White Mountains, die Kiefern in Yosemite und in dem Sand der Lüneburger Heide, die Elefantenbäume im Vulkangestein unterhalb von Volcan las Tres Virgenes in Baja, die Espen vom arktischen Meer bis hinunter nach Mexiko, die Eichenwälder bei Jolon, California, die Windbuchen auf dem Schauinsland – sie gehören mir alle. Ich trage sie als Schatz in mir. Sie machen mich reich und doch muss ich keine Einkommenssteuer auf sie zahlen. Sie sprechen ganze Bände mit mir, auch wenn ich ihre Landessprache nicht beherrsche. Ich muss sie nicht pflegen wie einen Garten. Sie haben einen Vertrag mit Gott direkt.

Auch wenn sie mir gehören, dürfen andere Menschen unter ihnen spazieren. Ich teile sie gern. Auch wenn sie mir gehören, brauchen sie von mir nichts zu fürchten – ich werde sie nicht absägen, sie nicht verstümmeln, sie nicht beschneiden. Sie mir zu eigen zu machen ist die beste Anlage meines kleinen Vermögens, die ich je gemacht habe. Es hat mich keine Mark, keinen Dollar, keinen Franken und keinen Peso gekostet und doch sind die Ausschüttungen dieser Anlage wie ein sich ausgießendes Füllhorn.

Manchmal fotografiere ich die Bäume einer Landschaft, bevor ich sie verlasse, um sie mitnehmen zu können. Dabei merke ich, dass ich sie mit Bildern kaum enger zu mir holen kann, weil sie bereits in meinem Herzen wachsen. Ich begieße sie mit meinen Gedanken, ich bewässere sie mit meiner Liebe. Und sie reagieren darauf mit dem Schatten, den sie mir spenden, mit den Sinnbildern die sie mir schenken, mit den Erleuchtungen aus ihren Wurzeln, Zweigen und Kronen.

Auch wenn sie festgewachsen sind, scheinen sie auf ihre Art die ganze Welt bereist und gesehen zu haben, so weise wirken sie. Ich rede mit Stolz von ihnen und zeige sie meinen Feunden. Sie selbst gehören zu meinen ältesten Freunden und Begleitern, auch wenn keiner von ihnen mich tatsächlich begleitet. Die meisten von ihnen werden mich überdauern. Sie werden noch lange stehen, nachdem ich schon gegangen bin. In ihren Ringen werde ich einen Platz bekommen, unsichtbar und auf der Ebene der Zellen.

Sie haben soviel zu geben, dass ein Mensch allein nicht alles aufnehmen kann. Manchmal gesellt der Wind sich zu den Bäumen und mir. So kommt die Musik zur Botanik und zur Chemie der Bäume. Da gibt es dann Beethovens und Mozarts, Bachs und Brahms' unter den borkigen Riesen und luftigen Kronen. Sie kramen ihre Instrumente hervor, die seit dem letzten Wind am Verstauben sind, stimmen sie kurz und schon beginnt das Konzert. Ich stehe, sitze, oder liege unter ihnen und höre die Allegros, Adagios oder Scherzos und finde in ihnen allen Schlüssel zu meinem Leben.

Je älter ich werde, desto mehr füllt sich mein Baumkonto. Geheimnisvoll werden immer neue Einzahlungen vorgenommen. Da erscheint eine Esche mit den roten Punkten ihrer Beeren, eine Platane, deren Haut eine Landkarte ist, eine neue Eiche mit Canyons in ihrer Borke, Birken, Ulmen, Linden, Tannen, Kiefern und immer wieder Espen, die mich anleuchten und mir den Weg weisen. Mein Konto ist nie ungedeckt. Ich stelle mir Scheck um Scheck aus und löse sie ein, wenn ich die Hoffnung der Bäume brauche. Ich bin reich.

Bäume, unsere Lehrer

In der Wüste
auf den Bergen der White Mountains von Kalifornien
wachsen alte Kiefern,
deren Zellen von Hoffnung durchwirkt sind.
Eine von ihnen ist über 5.500 Jahre alt
und jemand hat ihr den Namen „Methusalem" gegeben
in Erinnerung an ihren zweibeinigen Vorfahren.
Sie lebt in einem glücklichen Trotz,
vorbei an den Menschen mit ihrer Zerstörung,
sie lebt gegen den Wahnsinn des Fortschritts
und verwandelt jedes Jahr den kärglichen Boden
zu Zapfen voller Samen.
Sie hatte ihre Wahrheit schon tausend Jahre lang gesprochen,
als die Pyramiden in Ägypten
nur ein Gedanke in einem Pharaohirn waren.
Sie wächst auf dreitausend Meter Höhe
und ist umgeben von Tausenden ihrer Brüder und Schwestern,
die einen Wald der Hoffnung bilden,
einen Forst des Durchhaltens.

Ich, hier in meinem Arbeitszimmer in Gibsons,
im moderaten grünen Regenwald am Pazifik,
und du in deinem in Frankfurt, Moskau, Johannesburg,
wir leben von Bäumen wie von der Luft.
Wir wohnen in ihrem Holz, wir genießen ihre Früchte,
wir schreiben auf dem Papier ihres Fleisches,
seit es uns gibt, haben sie sich für uns geopfert.
Wir atmen den Sauerstoff, den sie ausscheiden.

Wir entdecken uns selbst im Schatten ihrer Kronen.
Unsere Biologie ist mit ihrer Botanik verbunden,
wie der Mensch mit dem Himmel.
Wir erinnern uns an unsere Wurzeln,
wenn wir ihre Wurzeln sehen,
wir ragen mit ihnen in den Himmel unserer Gedanken,
wir strecken uns aus, weil wir es von ihnen gelernt haben.
Wir wachsen und sterben mit ihnen.
Unzertrennlich sind wir seit Jahrtausenden.

Und darum wird es nicht dazu kommen,
dass Bäume nur eine Erinnerung sein werden,
nur ein Traum einer vergangenen Welt.
Wir werden sie wieder in die Mitte rücken,
weil wir wissen, dass unser Leben an ihnen hängt.
Wir stehen kurz vor dem Wandel unserer Wesens –
es gibt bereits Menschen,
die beseelt sind von dem Fortschritt nach innen.
Sie bilden eine Verschwörung,
eine geballte Energie auf dem Weg in ein neues Glück.
Sie sehen eine Zukunft mit Bäumen.
Dieser Planet ist ein Planet der Bäume.
Ohne diese Bäume und ohne diese Menschen
gäbe es nicht genug Sauerstoff
für die hungernden Alveolen unserer Lungen
und unserer Seelen.
Ohne sie wäre unser Träumen schwerer lebendig zu halten,
unsere Hoffnung litte an Grünverlust,
unser Lieben verlöre tausend Darstellungsorte
und wir müssten woanders nach Trost suchen.

Die Zukunft beginnt nicht in den Köpfen von Politikern,
sie wird nicht von den Kapitänen der Industrie gemacht,
auch wenn sie es glauben,
sondern von dir und mir,
mit unseren täglichen Taten der Liebe,
mit den Gebeten der Hoffnung,
mit unserer Lust am Leben,
mit unserer wachsenden Bewusstheit.

Da steht sie, die Eiche, in der Mitte des Dorfes,
in der Mitte des Lebens –
und langsam lernen wir,
dass auch wir mit allem verbunden sind.
Da steht sie, die Kiefer, im Sand der Heide,
aus kärglichem Boden formt sie
lange Nadeln und starke Zapfen –
so wie wir gelernt haben,
aus dem wenigen mehr zu machen
durch unseren Mut.
Da steht sie, die Birke, geschmeidig im Sturm,
der über die Flachebenen fegt –
und wir lernen von ihr,
dass auch wir im Lebenskampf anmutig bleiben können.
Da stehen sie, die Mamutbäume,
dicht an dicht in den Wäldern Kaliforniens –
wie eine Sammlung von Menschen,
die bereit sind, das Lieben zu lernen.
Und wenn im Herbst die Blätter fallen,
dann lernen wir, dass loslassen überleben heißen kann.

So unscheinbar wie das Sein der Bäume,
so leicht zu übersehen wie die stille Fotosynthese,
die die gesamte Luft des Planeten verwandelt,
so sind heute Milliarden Taten der Liebe geschehen,
Millionen Handlungen des Vertrauens
auf dieser blauer Murmel auf ihrer Reise durchs All.
Sie ragen auf aus der Zerstörung der Welt
wie Bäume aus dem Unterholz,
die stattliche Kastanie, die ihre Kerzen anzündet,
die liebevolle Linde, die herzhafte Blutbuche,
die Olivenbäumen mit ihren alten Seelen.

In dir und in mir
beginnt die Zukunft der Welt,
aber nur wenn wir es glauben.
Der Glaube und die Hoffnung versetzen Berge,
Sandkorn um Sandkorn.
Es ist wichtig, das weiter zu sagen.
Erinnere dich an das, was jetzt möglich ist.
Mit deinem Glauben schaffst du ihm Raum.

Die Zukunft geschieht nicht an uns,
sondern durch uns,
wir sind ihr nicht ausgeliefert,
sondern wir gestalten sie mit der Kraft unserer Liebe,
mit der Unscheinbarkeit unseres Mutes
und mit der Ausdauer unserer Hoffnung.

Inhalt

Die Texte „Hemlocktanne neben unsrem Haus" und „Heil werden" stammen aus dem Gedichtband *Lichtlinien* und der Text „Das Leuchten der Espen" stammt aus dem Gedichtband *Flügelleicht*. Beide Gedichtbände sind im Kreuz Verlag in Stuttgart erschienen. „Bäume, unsere Lehrer", ist zuerst erschienen in: Markus Schächter (Hg.), Was kommt. Was geht. Was bleibt. © Verlag Herder 2001.
Der Text „Bäume" von Hermann Hesse ist Band 13 der Sämtlichen Werke, © Suhrkamp Verlag Frankfurt am Main entnommen.
Wir danken den Verlagen für die freundliche Genehmigung zum Abdruck.

Ulrich Schaffer bei Herder spektrum

Ulrich Schaffer
Die innere Stimme
Ein Weg zu sich selbst
Band 5032
Die Welt in uns will gehört und gesehen werden. Zu sich selber finden heißt: auf diese Stimmen achten und sie besser verstehen.

Ulrich Schaffer
Sammle mir Kiesel am Fluß
Mehr als eine Liebesgeschichte
Band 5001
Mit den Kieseln ist es wie mit den Menschen. Jeder ist einzigartig. Die Sprache der Kiesel zu verstehen, heißt das Geheimnis der Liebe zu kennen.

Ulrich Schaffer
Wenn die Stille spricht
Im Tagebuch sich selbst begegnen
Band 5038
Im Innehalten und Nachdenken wird das Leben voller, reicher, intensiver. Inspirierende Anregungen zum Tagebuchschreiben.

Ulrich Schaffer
Wesentlich werden
Band 5043
Zu wissen, worauf es ankommt wird zur Lebensweisheit. Das Wesentliche zu entdecken heißt Intensität und Lebendigkeit gewinnen.

Khalil Gibran
Der Prophet
Neu übertragen von Ulrich Schaffer
Band 5089
Das Kultbuch des großen arabischen Dichters: Ulrich Schaffer erschließt einen leichten und poetischen Zugang zu dem alten, weisheitlichen Text.

HERDER spektrum

Smybole und Sinnbilder
Neue Perspektiven

Barbara Frei
Schwerelos wie die Feder
oder die Leichtigkeit des Seins
Band 5181

Weisheitliche Geschichten, luftige Inspirationen lassen heitere Gelassenheit
und tiefere Freiheit entdecken.

Irmtraud Tarr
Fest wie ein Stein
oder sich selbst treu sein
Band 5185

In einer immer wandlungsfähigeren Welt vermittelt der Stein als Symbol
Beständigkeit und ermutigt zu authentischem Leben.

Uwe Wolff
Geheimnisvoll wie die Muschel
oder Staunen über den inneren Reichtum
Band 5183

Muscheln lassen uns das Geheimnis der Mitte und des inneren Reichtums
spüren. Sie lehren ein neues Sehen und Staunen.

Vera Zingsem
Klar wie das Wasser
oder zur eigenen Quelle finden
Band 5182

Dem Fluss des Lebens vertrauen und zur Quelle eigener Ressourcen finden
– dazu lädt dieses Buch ein.

HERDER spektrum